シリコンバレー流 CXO チームビルディング

プロローグ

　どうしてあの友人はベンチャーキャピタルから投資を受けられたのだろう？　そう思われたことはありませんか。私のビジネスにも投資してほしい！だけど、どうやって？

　先に結論をお話ししますが、投資を受けたい人は、後にも先にもビジネスプランを書くと同時に、そのプランを実現できるCXO(シーエックスオー)チームをつくることです。投資を受けたいなら、このCXOチームビルディングを始めましょう。

　投資は融資ではありません。融資は本人の返済能力と保証人などの借り入れの条件が銀行と整えば、融資が受けられるかもしれませんが、そのやり方で投資は受けられません。友人が好意で個人的に投資することはあっても、社長ひとりぼっちの会社にベンチャーキャピタルなどのプロの投資家たちは決して投資はしません。そのことをあなたはご存知でしょうか。投資は一人きりでは受けられません。チームで受けるものなのです。投資を受けたいなら、CXOチームをつくることが鉄則です。

家を建てる例をお話しすると、家の完成イメージや設計図がビジネスプランとすれば、その家を建てるのは誰か。もしあなたが家主ならどんな技術レベルの人がいる建設会社や施工会社が家を建てるか、絶対に知りたいところです。

　投資家もまさに同じような気持ちです。「よいビジネスプランですね。では、誰がそのビジネスを実現するのですか？ まさか、あなたひとりでビジネスをするわけじゃないでしょうね」と、思うでしょう。発想を変えれば、あなたがよいビジネスプランが書けて、そのビジネスを実現するCXOチームが立ち上げられれば、投資を受ける道も決して遠くはないということです。

　まずパート1では、CXOチームビルディングについて考え方をお話しします。パート2では、具体的にCXOメンバーのそれぞれの役割と担う責任についてお話しします。そして、パート3では、あなたが実際にCXOの候補者を探すときにどうすればよいかお話しします。本書の山場となるパート4では、採用したCXO候補者とチームをつくり資金調達の準備をするための7つのステップを用意しました。最後のパート5では、CXOチームビルディングをする上でよくあるケースを紹介します。

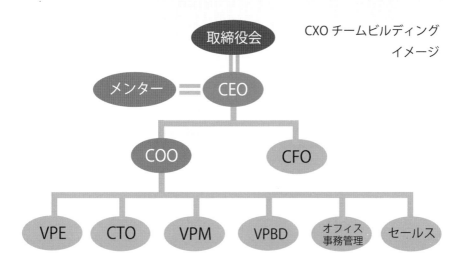

CXO チームビルディング イメージ

　上図のような組織図を初めて見たり、CXO という言葉も初めて聞いたという人でも、本書を読み終わるころには、なぜこの CXO チームでしか投資が受けられないのか、投資を受けるビジネスの組織とは、どのようなものかわかるようになると思います。そして、もしあなたが投資を受けたのであれば、本書を手引きにして、上図のようなチームをつくり始めていることでしょう。それでは、読み進めましょう。

登場人物紹介

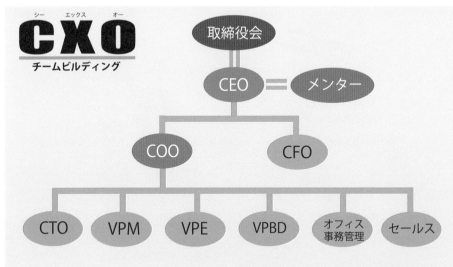

CEO：Chief Executive Office
　　最高経営責任者
CTO：Chief Technology Officer
　　最高技術責任者
CFO：Chief Financial Officer
　　最高財務責任者
COO：Chief Operation Officer
　　社員が増えてきたときに、CEOの代理人としての役割を担う副社長的存在
VPE：Vice President of Engineering
　　CTOと協力して決められた期間内にプロジェクトを完了する総責任者
VPM：Vice President of Marketing
　　計画中の商品の市場調査責任者
VPBD：Vice President of Business Development
　　計画中の商品のビジネス開発責任者
VPD：Vice President of Design
　　商品すべてのデザインを統括する責任者
VPS：Vice President of Sales
　　営業の責任者
Office Manager
　　オフィス事務管理者

困った問題や課題を持つ顧客を見つけるわ！

マイルストーンを推し進めるわ！

高収益モデルにしよう！

売るぞー！

シリーズA以降登場！

VPM
計画中の商品の市場調査責任者

VPE
CTOと協力して決められた期間内にプロジェクトを完了する責任者

VPBD
計画中の商品のビジネス開発責任者

セールス

シリコンバレー流CXOチームビルディング

用語解説

はじめに、これらの専門用語が本文によく出てきますので、ご参考ください。

CXO
CXOとは、Chief X Officerの略称です。Xの部分にExcective の頭文字Eが入るとChief Excective Officer（経営を行う最高責任者）、Technology の頭文字TはCTO はChief Technology Officer（技術部門の最高責任者）と言い、さまざまな役割が入ります。

スタートアップ
日本語で、ベンチャー企業と言われています。シリコンバレーではVenture Companyとは言わずスタートアップと言います。

エグジット
投資家から見たときの株式を売却できるタイミングのことです。株式公開または、会社の売却のタイミングのことです。

シードステージ
企業の成長ステージにおける、事業構想後に調査や研究を進めている時期を指します。

アーリーステージ
シードステージより先に進みCXOチームが構成され事業展開し始めたばかりのころを指します。

エンジェル
個人投資家のことで、通常は自分自身も過去にスタートアップの経験があり、成功してお金に余裕がある人物のことです。

ベンチャーキャピタル
スタートアップに対して投資を行う投資会社のことです。

リスクマネー
高いリスクがありながら、高い収益性が望める投資に投入される資金のことです。

ストックオプション
会社の役員や従業員が、予め決められた価格で株式を購入できる権利のことです。予め決められた価格よりも、株価が高くなれば、利益を上げることができるので、給与以外の金銭的な報酬として活用されます。

ボードメンバーとボードミーティング
取締役会の役員、取締役会のことを指します。

マイルストーン
物事を進めるうえでの途中で設ける節目のことです。

ファンド
運用資金のことを指します。

ポートフォリオ
ベンチャーキャピタルにおけるポートフォリオとは、投資会社が投資している企業群のことです。

リードインベスター
外部株主の中で最大のシェアを持ち、資金面だけでなく主導的に経営指導を行うベンチャーキャピタルを指します。

IP
IPとは、Intellectual Propertyの略称です。IP戦略とは、知的財産権を活用してビジネスを有効に進めるための戦略を指します。知財戦略とも言います。

商品アーキテクチャー
一般的には製品アーキテクチャーと言いますが、本書では商品アーキテクチャーと言います。製品を設計するうえで基本的な設計思想のことを指します。

ネットワーキング
新たに人とのつながりをつくることを指します。

コントローラー
日常的な経理処理を行う担当者のことを指します。日本では、経理部長の役職です。

アクセラレーター
スタートアップを育成するプログラムを実施する団体のことを指します。

インキュベーター
スタートアップの育成を目指して、行政や企業が設立する施設のことを指します。通常は非常に安い家賃で利用することが可能です。

ジョブスペックシート
Job Specificationのことで、職務明細書のことを指します。その仕事において求められる役割や条件を記載した書類のことです。

バーンレート
一般的にはろうそくが燃え尽きるまでの時間のことを指しますが、ここではスタートアップが月々いくら使っているかを指します。

シードマネー
Seed Moneyのことで、事業立ち上げ初期の調査や研究を行うための資金を指します。

ISO
Incentive Stock Optionの略称で、ストックオプションの種類の一つを指します。主に従業員に対して与えられます。

NDA
Non-disclosure agreementの略称で、秘密保持契約のことです。

ベスティング
ストックオプションの付与条件のことを指します。退職をした場合の喪失条件などがあります。

エレベーターピッチ
エレベーターに乗っている時間内にたまたま乗り合わせた人物にプレゼンテーションを行うことをエレベーターピッチと言います。実際には、エレベーターにかぎらず、30秒から3分ぐらいの短い時間でプレゼンテーションを行うことを指します。

クロージング
契約を締結することを指します。

目 次

プロローグ 3
登場人物紹介 6
用語解説 8

Part1：CXO チームビルディングとは 17

1．CXO チームビルディングとは 18
- 成長フェーズに合わせて最強の CXO チームをつくる 18
- 能力主義を貫くスタイル 18
- すべてはエグジットを果たすために 20
- 投資を受けるルール(決まりごと)を肝に銘じる 20
- 投資・融資・助成金はお金の色がすべて違う 21
- 投資と融資は真逆のビジネスモデル 22
- 融資は顧客不明から始まるスタートアップに適合しない 22
- 投資はエグジットのない中小企業に適合しない 23
- CXO チームビルディングのジレンマ 24

2．フェーズ 1 は極めて流動的に始まる 25
- フェーズ 1 は決定する代表者が不在の創業者チーム 25
- 創業者チームから離脱する(させる)タイミング 26
- 最適な CXO メンバーを迎え入れ、兼務は絶対にしない 27
- 最優先課題はコンセプトを実証すること 28

3．フェーズ 4 まで劇的に各 CXO が入れ替わる 30
- CEO は CXO と win-win な関係が築ける採用条件を整える 30
- 投資を判断するための投資金で CXO を採用する 31
- 劇的に各 CXO が入れ替わる醍醐味を味わう 32
- 暫定的につくられたチームが機能する 32
- お金を出すけど、意見も出してくる 34
- 優秀な部下だと喜べる度量の CEO になろう 34

4．収益モデルをつくる知恵を結集させる 36
- 創業者が誰一人いなくなることもある 36

- ■ 収入がないからデスバレーがより厳しくなる …………37
- ■ ハイリターンの収益モデルをつくることにフォーカスする …………37

創業者とはアイデアである。創業チームとは、企業の礎。…………38

Part2：CXO チームメンバーの役割と責任 …………39

1．CEO (Chief Executive Officer)　最高経営責任者 …………40
- ■ すべての最終意思決定者 …………40
- ■ ビジネスのビジョンの決定 …………41
- ■ 会社の短期、長期の戦略、方針、実行の決定 …………41
- ■ 取締役（ボードメンバー）を採用する（解雇する）…………41
- ■ アドバイザーを採用する（解雇する）…………44
- ■ エグジット方針の決定（株式公開、会社・事業売却、廃業等）…………44
- ■ 資金調達を必死で行う …………45
- ■ タイムリーなクロージングをする実行責任者 …………46
- ■ 社内のマネジメントチームの掌握 …………47
- ■ 取締役会（ボードミーティング）の主宰とマネジメント …………47
- ■ 業界主要企業とのパートナーシップ構築 …………48
- ■ 企業の顔として業界でのブランディング活動 …………48

［取締役会（ボードミーティング）運営の 12 か条］…………49

［表］取締役・メンター・アドバイザーの相対表 …………52

［CXO 素養確認 5 チェックリスト］CEO …………54

2．CTO（Chief Technology Officer）最高技術責任者 …………55
- ■ 技術に関する総責任者 …………55
- ■ 技術開発に関する戦略立案 …………55
- ■ 知財戦略を立てる …………56
- ■ 「公開する部分」と「しない部分」という戦略 …………57
- ■ 知財戦略を立てたビジネスモデル …………58
- ■ 商品アーキテクチャーを設計する …………58
- ■ 商品開発ロードマップを作成する …………59

- ■ エンジニア採用のタイミングを決定する ……………… 60
- ■ 優秀な部下を採用できる度量を持つ ……………… 61
- ■ 自社商品の技術的優位性を明確にする ……………… 62
- ■ 技術を実証する ……………… 63
- ■ 商品開発ロードマップを死守する ……………… 63
- ［CXO素養確認5チェックリスト］CTO ……………… 64

3. VPE（VP of Engineering）CTOと協力して決められた期間内にプロジェクトを完了する総責任者 ……………… 65

- ■ 実行部隊の総責任者 ……………… 65
- ■ 労働管理が大半の仕事 ……………… 65
- ■ CTOとともに開発ロードマップを作成する ……………… 66
- ■ 特許・権利化を進める ……………… 66
- ［CXO素養確認5チェックリスト］VPE ……………… 67

4. VPM（VP of Marketing）計画中の商品の市場調査責任者 ……………… 68

- ■ 計画中の商品の市場調査の総責任者 ……………… 69
- ■ 最初の顧客を発掘するのが最大の仕事 ……………… 69
- ■ 顧客やユーザー視点の問題点ヒアリング ……………… 69
- ■ 見込顧客やユーザー自身も気づいていないニーズ ……………… 70
- ■ 設計開発へのフィードバック ……………… 71
- ■ ターゲット市場への参入戦略立案 ……………… 72
- ■ ブランディング戦略の確立 ……………… 72
- ■ 熟慮徹底的に市場を調べ上げるのがVPMの責任 ……………… 73
- ［CXO素養確認5チェックリスト］VPM ……………… 74

5. COO (Chief Operation Officer) 社員が増えてきたときに、CEOの代理人としての役割を担う副社長的存在 ……………… 75

- ■ スタートアップ直後はCEO/COO兼任 ……………… 75
- ■ あくまでもCEOの代理、COOは次期CEO候補者 ……………… 76
- ■ COOの部下の問題 ……………… 76
- ［CXO素養確認5チェックリスト］COO ……………… 77

6. CFO（Chief Financial Officer）最高財務責任者 ……78
- 法律関係の制約を受ける専門職 ……79
- デスバレーの渡った先にいる ……79
- CFO採用は調達金額次第でCEOが決める ……79

［CXO素養確認5チェックリスト］CFO ……80

Part3：CXOチームメンバー候補者の探し方と採用決定法 ……81

- 必要なのはビジョンを共有できる即戦力となる人 ……82
  1. リクルーターによるピンポイントサーチ ……83
  2. アクセラレーターの仲間から直接・間接に探す ……84
  3. SNSを利用した幅広いサーチ ……85
  4. 取締役会の推奨候補者から選ぶ ……85
  5. 自社の社員の推奨 ……86
  6. 各種ネットワーキングの活用 ……87
  7. 大学・短大・専門学校のOB会 ……88
  8. カフェ・レストランでの出会い ……89
  9. 銀行・金融機関・コンサルタントからの紹介 ……90
  10. インキュベーターの活用 ……91
  11. リストラしている会社から探す ……92
- 人材を探すエコシステム ……93
- CXO候補者の採用ステップ ……93
  - ステップ①　1対1でインタビューする ……94
  - ステップ②　採用条件はCEOが決める ……94
  - ステップ③　採用前にすべてのしこりをなくしておく ……95
  - ステップ④　断るときは早く丁寧に ……95
  - ステップ⑤　1回目で決めてしまわない ……96
  - ステップ⑥　採用するなら速やかに ……96

Part4：CXO チームとデスバレーを渡ろう！ ……97

- これがデスバレーを渡るための7ステップです。 ……98
- ステップ①　ネットワーキングを普段からこまめに行う ……99
  - 1-1　地道に一人ずつ会っていく ……99
  - 1-2　学会・研究会・勉強会・交流会に参加する ……100
- ステップ②　CXO候補者とビジョンを共有、不足点を議論する ……101
  - 2-1　ビジョンを共有すると候補かどうかすぐわかる ……101
  - 2-2　CXOのポジションを決める ……102
- ステップ③　CXO候補者を採用（内諾）して会社設立する ……103
  - 3-1　CXOチームを頭の中でイメージする ……103
  - 3-2　CXOの誰が不在かをはっきりさせる ……104
  - 3-3　ジョブスペックシートは具体的に書く ……105
  - 3-4　普段からのネットワーキング活動が物を言う ……106
  - 3-5　給与やストックオプションを交渉材料にする ……107
- ステップ④　商品開発ロードマップをつくる ……108
  - 4-1　簡単に、安く、早く商品イメージを明確にデモする ……108
- ステップ⑤　資金調達のためにビジネスプランを完成させる ……109
  - 5-1　ステップ⑤はさらに9つのステップでシナリオをつくる ……109
  - 5-2　ステップ⑤が一番険しいステップ ……110
- ステップ⑥　デモを準備して顧客訪問と同時に資金調達を始める ……121
  - 6-1　CXOチームでプレゼンテーションに挑む ……121
  - 6-2　投資条件の決定 ……123
  - 6-3　プレゼンテーションは10枚で構成する ……124
- ステップ⑦　条件交渉をして合意の上クロージングする ……125
  - 7-1　クロージングの契約書に合意の前に注意すべき項目 ……125
    - 償還条件 ……125
    - 残余財産優先権 ……126

[CEO必読！対VCとの交渉知識10か条] ……127

Part5：事例から学ぶ CXO ケーススタディ ……137

ケース 1-1：有意義なネットワーキングにする ……138
ケース 1-2：目的を持ったネットワーキングをする ……140
ケース 1-3：よいエンジェルとネットワーキングをする ……142
ケース 2-1：決断できる CXO チームにする ……144
ケース 2-2：ビジョンを共有してから走り出す ……146
ケース 2-3：ビジョンが共有できるチームをつくる ……148
ケース 3-1：追加の開発アイデアにとらわれない ……150
ケース 3-2：計画した開発時間を死守する ……152
ケース 4-1：独りよがりでは顧客の心はつかめない ……154
ケース 5-1：問題と解決策、技術とチームがポイント ……156
ケース 5-2：あらかじめエグジットを決めておく ……158
ケース 5-3：投資家はよい技術とチームの両方を見る ……160
ケース 5-4：断られることに慣れ、最低１００件当たる ……162
ケース 6-1：奇数で構成、議決権を渡さない ……164
ケース 7-1：株の希薄化防止条項に気をつける ……166
ケース 7-2：ストックオプションの割合に気をつける ……168

ひな形サンプル CXO ジョブスペックシート ……170

エピローグ ……186

PART 1

スタートアップのための
CXO
チームビルディングとは

本パートでは、文字どおり CXO チームがどのようにつくられるか（ビルディング）、大きく5つのフェーズで成長の過程に基づき一般的に見られるチームビルディングの遂げ方をお話しします。

1 CXO チームビルディングとは

■ 成長フェーズに合わせて最強の CXO チームをつくる

スタートアップ[1]の CXO チームビルディングとは、平たく言うと最適な組織づくりのことです。ビジネス展開のフェーズに合わせて最高の結果を出す CXO メンバーを組織する過程を、本書では「CXO チームビルディング」と言います。会社は事あるごとに体制を立て直します。これが会社を設立したばかりのスタートアップでは日々非常事態が発生しているので、常に体制を立て直すことになります。

■ 能力主義を貫くスタイル

スタートアップの組織は一回つくり終わるものではなく、エグジット（IPO：株式上場や M&A：事業売却のいずれか）を果たせる最適な体制が整うまで、CXO チームビルディングを繰り返します。

右ページの図1は、典型なパターンを極端に集約した CXO チームビルディングのサンプルです。ベンチャーキャピタルの投資を受け入れて絶対に勝ちに行く CXO チームをつくるとなると、このように目まぐるしく各フェーズでメンバーが入れ替わり、能力主義を貫くケースもめずらしくありません。

---

1. スタートアップを日本では起業家やベンチャー企業と言いますが、本書ではある期限内に IPO か M&A のいずれかのエグジットを目指す人や会社を言います。

図1：典型例 CXO チームビルディングイメージ

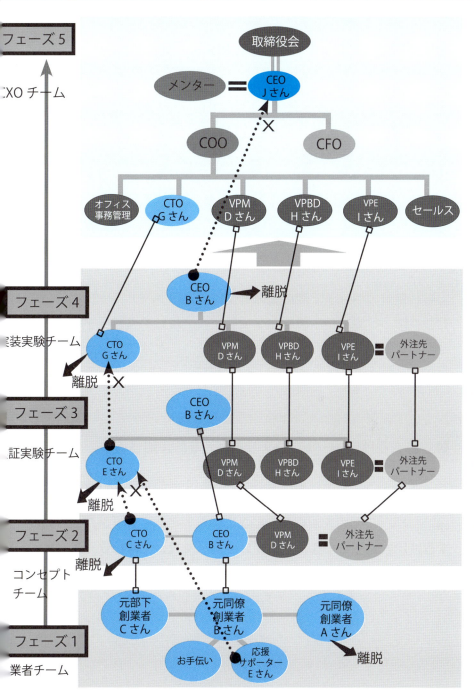

■ すべてはエグジットを果たすために

　フェーズ 5 はシードステージの次のラウンド A(3,000 万円～1 億円) の資金調達レベルです。典型例を見ると、フェーズ 1 の創業者チームが誰一人とフェーズ 5 のステージに残っていません。19 ページの図 1 は、極端な典型例を集約したサンプルですが、ベンチャーキャピタルのような第三者からの投資を受け入れて絶対に勝ちに行く CXO チームをつくるとなると、このような能力主義を貫くようなケースも起こりうるということです。

　もし自分のペースで誰の指図も受けずにスタートアップするのであれば、投資家たちのお金を使わずに、自分の預貯金を使うことをおすすめします。投資を受けるということはエグジットを目指すことが絶対条件で、例外はありません。

■ 投資を受けるルール（決まりごと）を肝に銘じる

　投資はエグジットを目指すことが大前提というお話をすると、「なぜ IPO や M&A を目指さないといけないのか？」、「いつか成功すればいい話でそんなにギスギスやらなくたってよいのではないか」、「ゴールはスタートアップそれぞれが決めればよいことではないか」という人たちもいます。忘れてはならないのが、投資家は、

投資した金額の10倍以上ものリターンを期待してお金でお金を稼ぐビジネスなので、逆にスタートアップのビジネスがエグジットしないかぎり儲かりません。したがって、投資を受けてスタートアップするのであれば、絶対にIPOかM&Aのいずれかのエグジットが目指せというのは投資家の正当な主張です。この要求が受け入れられないのであれば、自己資金で思うがままにビジネスをするほかありません。これが投資を受けてスタートアップするというルール（決まりごと）です。

■ 投資・融資・助成金はお金の色がすべて違う

　よくよく話を聞くと、そのような考え方をする人たちは投資、融資、助成金などのすべてが同じお金という認識を持ち、どういう性質のお金かを理解していないことが問題です。しかも、どの人も口を揃えて、「日本のベンチャーキャピタルは、お金を出してくれない」と言いますが、エグジットを明示しないでどうして投資家が出資ができるのか、日本のスタートアップは投資のお金とはどんな性質かを十分に理解した上で、ベンチャーキャピタルと付き合うことが望ましいです。

投資 ≠ 融資 ≠ 助成金

■ 投資と融資は真逆のビジネスモデル

　CXOチームビルディングをお話しする前に、考え方の根底として、融資と投資が真逆の性質という資本の本質部分からお話しします。

　融資はお金を借りる本人の返済能力と、信頼のある保証人、そして個人資産を担保に銀行が借し出します。少ない利子を付けて、絶対返済義務を条件として融資するのが銀行のビジネスモデルです。それと真逆の投資は、未開拓の顧客やユーザーを探して一気に事業拡大を図るハイリスクでハイリターンを狙うベンチャーキャピタルたちのビジネスです。

■ 融資は顧客不明から始まるスタートアップに適合しない

　最初から絶対的に存在する顧客やユーザーがいる中小企業のビジネスには融資というお金は有効ですが、未開拓の存在不明の顧客やユーザーをまさに今から見つけようとするリスクのある状態でビジネスしようとするスタートアップには、融資というお金は機能しません。仮にスタートアップのビジネスが倒産寸前でも、借りた元本の返済義務は法律で定められているので、担保が没収されるか保証人と悲劇的な一生を歩むことになります。

■ 投資はエグジットのない中小企業に適合しない

　逆に、ベンチャーキャピタルたちの投資家は、中小企業のビジネスでは業種にもよりますが、IT系なら1、2年、サービス系なら3年から5年、ものづくり系なら5年から7年で投資した金額の10倍以上のハイリターンの儲けを回収したいので、後継者を育てるなどという息の長いビジネスをしようとする中小企業は投資の対象外です。しかも、投資家はビジネスがIPOかM&Aのエグジットを果たしたときにしか投資は現金化せず稼げないので、お金でお金を稼ぐ投資家の最大の関心事は、スタートアップのビジネスがエグジットすることです。

投資家によるハイリスクハイリターンのビジネスモデル

投資 → スタートアップ

対象：CXOチーム
・ハイリターンなどビジネスの実現能力
・未開拓市場の存在不明の顧客を今から発見

投資と融資は完全に別物

銀行によるローリスクローリターンのビジネスモデル

融資 → 中小企業

対象：個人
・個人の返済能力
・保証人、資産担保

■ CXO チームビルディングのジレンマ

　また、本書は融資という借り入れを先に行い、それを元手に人を雇用する中小企業のチームビルディングのやり方ではなく、ビジョンを描きエグジットを達成させるまでのビジネスプランを書いてそれに投資を仰ぎ、一気に CXO メンバーを集めるやり方のお話です。融資と投資のチームビルディングのやり方は完全に異なるものです。

　「お金があればそのポジションに適任者が採用できるのに…」、「そのポジションに適任者がいれば投資家を説得できて資金調達ができるのに…」これがスタートアップの CXO チームビルディングのジレンマです。このようなジレンマの中、スタートアップたちは CXO チームづくりに励みます。

> ここまでの要点をまとめると、以下の3点です。
> 　投資と融資はビジネスモデルが両極端である。
> 　投資はスタートアップのハイリスクハイリターンのビジネスモデルでしか投資が現金化せず稼げないので、エグジットのない中小企業のビジネスモデルに興味がない。
> 　投資家はエグジットできる CXO チームに投資する。

　これらを踏まえて、次に19ページの図1の典型例のフェーズ1からフェーズ5まで順番に、各フェーズに移るときに、どのように新たに体制を立て直してチームビルディングするのか、具体的な事例を交えてポイントをお話しします。

2 フェーズ1は極めて流動的に始まる

■ フェーズ1は決定する代表者が不在の創業者チーム

　図1の典型例のフェーズ1は、アイデアレベルです。元同僚のAさんとBさんの2人と元部下のCさんの3人が前職で意気投合し、土日に集まってスタートアップするためにアイデアを固めていました。とにかく楽しい3人は、たくさんの友人にもこの活動を話して、中には手伝いをしたいという人が現れたり、いろいろな人に引き合わせて機会をくれる応援サポーターも仲間に加わり、ひとまずフェーズ1のチームができあがりました。

　フェーズ1では、ブレインストームをしたりアイデアを深掘りして実証すべきコンセプトが何か話し合い決めるステージなので、メンバーに上下関係はありません。よく言えばフラットな関係ですが、決定する代表者が不在のチームです。ここまでは自然発生的な始まり方なので、問題はここからです。

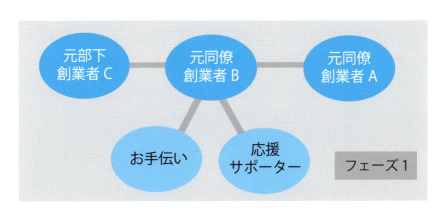

■創業者チームから離脱する(させる)タイミング

　フェーズ2は、具体的にアイデアのコンセプトを実証実験するステージです。フェーズ1では、ビジョンを語り合うだけが、フェーズ2から試作の費用がかかり始めると、本気でスタートアップする気がない創業メンバーは、この時点で創業者チームから離脱するタイミングになります。この典型例では創業者のAさんが創業者チームから離脱しました。

　これは悲しいことではなく、早い時点でどれくらいこのスタートアップにコミットする気があるか、創業者メンバーの意思を明確にするよいタイミングになります。本気でお金を稼ごうとする人と、ビジョンを語り合うだけで満足する人とでは、モチベーションが違い、チームが一時的にできてもすぐ空中分解するので、結論が早くわかってよいのです。

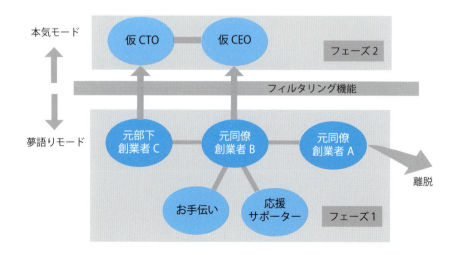

■ 最適なCXOメンバーを迎え入れ、兼務は絶対にしない

　フェーズ2でコンセプトを実証実験するために創業者チームは意思決定ができる実行者が集結したコンセプトチームにステージが移ります。典型例では、Bさんが主としてビジネスのアイデアを出してきた経緯からCEOとなり、Cさんは実証実験する技術力に自信があったのでCTOになりました。

　マーケティングはBさんとCさんの専門範囲外だったので、にわか知識でマーケティングのポジションを兼務しようとはせず、VPMのポジションにはDさんを仲間に入れました。Dさんとは日頃から行っていたネットワーク活動で知り合いました。大学でマーケティングを専攻してきたので、実践の経験は浅いですが、知識があるのでCXOチームには最適です。

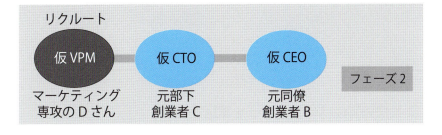

しかし、BさんもCさんも自分たちの給与でさえ支払えない状況だったので、Dさんにはストックオプションを全株数の2%発行して、しかもBさんとCさんがこのビジネスとは別に調査業務を請け負って稼いだわずかな運転資金を業務委託費として支払う条件でDさんは納得してフルタイムでCXOチームに加わりました。こうして、典型例では3人のCXOチームが暫定的にできあがりました。

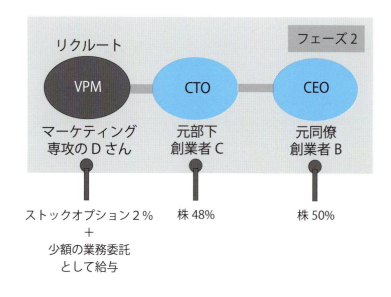

■ 最優先課題はコンセプトを実証すること

　フェーズ2のステージで潤沢な資金があれば、自社のエンジニアたちでコンセプトの実証実験を行えばいいですが、この時点で

それができるスタートアップは限りなく少ないです。その場合は、外注先のパートナー企業が試作する工程で一時的にCXOチームを支える役割を担うこともあります。すべて自社で完結する必要は全くなく、結果を出すのに最短最速でコストと似合う方法をCEOは取捨選択すればいいのです。過程よりも、すべては結果重視です。

コンセプトを実証実験してよい結果が出るまでは、残念ですが投資家の興味対象外です。ステージ3へ移るまでは、自分たちの預貯金を切り崩すか、もしくは助成金を活用するか、または家族や親戚、友人からのポケットマネーを出してもらい、外注先のパートナーの力も借りながら、とにかくよい結果を出すしか道はありません。

フェーズ3：実装実験のステージ
投資の対象として見られる

ここまでは家族や親戚、友人からのポケットマネーで乗り切る

フェーズ2：コンセプト実証実験のステージ
投資の対象にならない

外注先パートナー ＝ VPM ― CTO ― CEO

3 フェーズ４まで劇的に各 CXO が入れ替わる

■ CEO は CXO と win-win な関係が築ける採用条件を整える

　さらに典型例を詳しくお話しすると、フェーズ２で創業者の C さんは技術力不足の理由で CXO チームから離脱し、別の技術力のある E さんが新たに CTO としてチームに加わることで、ラボレベルですが実証実験に成功しました。一歩、道が開けました。

　E さんはスタートアップ当初からの応援サポーターのうちの一人で、類似技術の開発会社を早期退職しました。E さんは退職金があるので、当面の生活資金は困らないということで現金ではなく、全体の株数から 2% のストックオプションを発行することで、フルタイムで CXO チームに加わる条件が整いました。E さんは応援サポーターの時よりもはるかにモチベーションがアップしました。

　できるかぎり CEO はメンバーをパートではなくフルタイムで採用できるように資金繰りをして各 CXO がチームに加わるメリットを提示しつつも払える手持ちの現金と切り札のストックオプションで互いに win-win な関係が築ける折衝をしなければなりません。

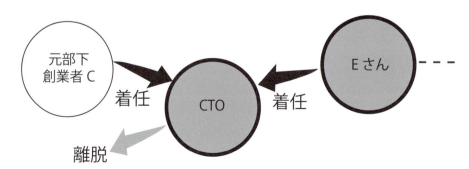

■ 投資を判断するための投資金でCXOを採用する

　次のフェーズ３のステージに移った典型例では、コンセプトの実証実験結果に興味を示したベンチャーキャピタルが、ラボレベルが顧客に実装できれば投資の対象になると考え、ラボレベルの実証実験には出資しませんでしたが、今回は投資を判断するための実装実験ということで3,000万円の出資をしました。

　もちろんこの出資金は、実際に顧客の求めるかたちに商品化して収益モデルを考案するVPBDと、そして再度CTOと新たにエンジニアを採用するためのお金です。

　先ほどEさんがCTOになりましたが、ラボレベルの技術力はあっても実装実験するには力不足なのでCTOを辞退し、新たにEさんの推薦で適任のGさんをCTOに採用しました。それにVPBDのHさんとエンジニアのIさんはリクルーターの有料紹介で適任者が見つかり、CEOのBさんとの面接で条件が整いCXOチームに加わりました。

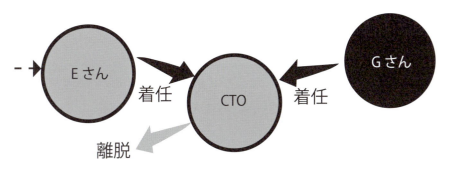

■ 劇的に各 CXO が入れ替わる醍醐味を味わう

　典型例のアイデアレベルのフェーズ 1 からコンセプトをラボテストで実証実験するまでが半年、遅くてもスタートアップして 1 年以内にフェーズ 3 の実装実験に移ります。IT、ものづくり、バイオなど分野ごとに状況が違いますが、スタートアップはこのような早いスピード感覚でエグジットまでタスクを一つ一つ乗り越えます。

　フェーズ 1 から半年の間に、創業者の A さんや CTO の E さんが離脱する一方で、VPM の D さんや VPBD の H さんやエンジニアの I さんが CXO チームに加わり、劇的に各 CXO が入れ替わりました。これが文字通り組織づくり、チームビルディングの醍醐味です。積み木を積み上げるように、ピースが合わなければ違うピースをはめる。できたら次に違うピースを試して、また違うピースと組み合わせる。これと同じことが、スタートアップのチームづくりでも行われています。決して、目的もなくただ手の空いた人を寄せ集めることは、チームビルディングとは言えません。

■ 暫定的につくられたチームが機能する

　もちろん、解任することを誰しもよくは思いませんが、だからこそフェーズ 2 のような暫定的につくられたチームが機能します。

目的を達成させるチームかどうかを暫定的に試せるよい機会です。もしこれがガチガチな契約の雇用関係を結んだ後では、別の目的に向かい走り出す時に動きがとれなくなり、さらに厳しい決断を出さなければならない悲惨な事態になります。そうならないためにも、チームが機能するまで暫定チームを試すのがよいでしょう。

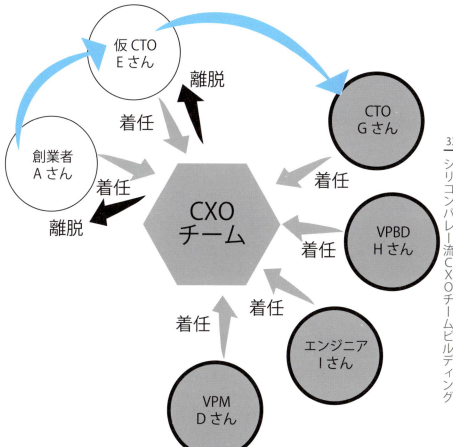

■ お金を出すけど、意見も出してくる

　典型例のフェーズ３は事業化レベル、フェーズ４はシードマネー（少額で500万円～2,000万円）の資金調達レベルです。特にこの２つのレベル間は日本ではベンチャーキャピタルから（シリコンバレーではエンジェルから）シードマネーを調達する時期です。

　フェーズ３からフェーズ４はどのタイミングで法人化するかケースバイケースで決まりはありませんが、コンセプトを実証実験したフェーズ２を過ぎたあたりから、絵空事が現実として儲かる臭いがしだすと、ベンチャーキャピタルの投資家たちに優良なスタートアップとしてマーキングされて、本格的に投資を受ける体制を整え始めるようになります。

■ 優秀な部下だと喜べる度量のCEOになろう

　典型例の場合は、VPBDのHさんがよい働きをして、ビジネス開発の担当者と肩書きを名乗るだけあり収益モデルが決まり、さあこれからという時に社内で問題が発生しました。

　あまりにHさんが優秀で、まるでHさんがCEOのようだと他から耳にしたCEOのBさんが気分を害しました。BさんはHさんの

存在が邪魔に思えるようになり、HさんのVPBDとしての見解を聞き入れずにCEOが判断することが他社とのトラブルを招く火種となり、CXOチームが機能しなくなりました。

明らかにCEOのBさんの嫉妬心が経営を阻害する事態に、実装実験で3,000万円の投資をしたベンチャーキャピタルがCEOにたびたび警告を鳴らしましたが、最終的にCEOがチームから見放されて解任されることになりました。そして実装実験で期待する結果が出たので本格的に投資をするベンチャーキャピタルが新しいCEOのJさんを連れてきました。

次期CEO候補者としてVPBDのHさんが期待されていましたが、Hさんは収益モデルなどを考えるビジネス開発に長けていましたが、取締役との関係構築や資金調達する能力などが十分な経験がなかったので、今回はCEOとして経験値の高いJさんが抜擢されたのです。

4 収益モデルをつくる知恵を結集させる

■ 創業者が誰一人いなくなることもある

　フェーズ5はシードステージの次のラウンドA(3,000万円〜1億円)の資金調達レベルです。典型例を見ると、フェーズ1の創業者チームが誰一人とフェーズ5のステージに残っていません。これは極端な例ですが、ベンチャーキャピタルのような第三者からの投資を受け入れて絶対に勝ちに行くCXOチームをつくるとなると、このような能力主義を貫くようなケースも起こりうるということです。

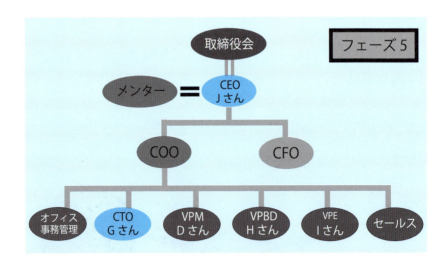

■ 収入がないからデスバレーがより厳しくなる

　典型例のフェーズ5のCXOチームはデスバレーを渡り始めるのに最適なだけで、これが途中や渡った先のラウンドB、Cまでチー

ムが維持される保証はどこにもなく、またCXOチームビルディングを繰り返します。デスバレーが厳しい理由は明確で、収入がない（あっても極少額）状態がよりチームビルディングを厳しい状況にさせています。この状態を打破するに一刻も早く収入をつくる以外は延命措置に過ぎません。

■ ハイリターンの収益モデルをつくることにフォーカスする

　デスバレーでは、まず以下の3つの条件すべてを掛け合わせて（何から掛け合わすかケースバイケースですが）、収益モデルをつくるのです。これがデスバレーを渡る第一歩です。これ以外の活動は二の次と言っても過言ではありません。

未開拓の市場の顧客（アーリアダプター）を探す。
顧客がお金を払ってまでも欲しい不可欠なニーズをつかむ。
安価に、簡単に、徹底的に解決する技術を実装する。

　それでは、次のパートで具体的に各CXOがそれぞれ担う役割と、取るべき責任についてお話をします。

> 創業者とはアイデアである。創業チームとは、企業の礎。
> ―スティーブ・ブランク氏

米スタンフォード大学などで起業家教育の教鞭を執るスティーブ・ブランク氏のブログ（www.steveblank.com）の「Building Great Founding Teams」というトピックスでは、「創業者とはアイデアである。創業チームとは、企業の礎である」と言われています[1]。

ブログから本文を引用すると、「創業者が創業チームの一員になったとしても、アイデアを考えついた創業者が主導的役割（CEOや副社長）を担うことは保証されません。創業者がCEOであることが当然ではないかもしれないという考えは、一部のアントレプレナーにとっては驚きです。「どうして私がCEOではないの？これは、私のアイデアです！」と聞くたび、創業CEOの特殊性や、実際に会社を構築するのに必要なことを、この創業者は全く分かっていないのだと不安になります[2]」

右の図をご覧ください[3]。この図は創業者（ファウンダー）、創業チーム（ファウンダーと共同創業者）、創業するCEO（CXOチーム）の存在を言い表しています。創業者は創業チームの一員となり、創業チームは創業CEOの一員となります。

つまり、創業者＝（イコール）創業チームでもなく、創業CEOでもなく、会社そのものでもありません。一員という意味合いがあっても、同等ではないということです。創業者はアイデアなのです。スタートアップのメッカであるシリコンバレーでも、この認識がまだ浸透していないことはスティーブ・ブランク氏の見解からも伺えます。本書を読み進めるにあたり、読者のみなさんもCXOチームの位置づけを正しく理解していただきたいです。

---

1. スティーブ・ブランク氏本人より直接に、**本書掲載引用の許可を得ています。**
2. ITPro「シリコンバレー流！達人に学ぶ企業スピリッツ」監訳者山本雄洋　第91回目「素晴らしい創業者チームの構築」http://itpro.nikkeibp.co.jp/article/COLUMN/20130925/506754/?ST=management より引用
3. http://steveblank.com/2013/07/29/building-great-founding-teams/ より引用

PART 2

スタートアップのための
CXO
チームメンバーの役割と責任

本パートでは、CXOチームの各メンバーが担う役割と、その責任についてお話しします。CEO、CTO、VPM、VPE、COO、CFOの各役割と責任を正しく理解し、その時々で最適な体制を組み立てゴールを目指していくチームビディングの基本をお話しします。

最高経営責任者 (会社のすべての最終意思決定責任者)

1 CEO (Chief Executive Officer)

■ すべての最終意思決定者

「CEO の後ろに席はない」と言えば、CEO がどんな存在かわかりやすいと思います。すべての重要な意思を決定する責任者を CEO と略称して呼びます。つまり、CEO の後ろに上司はいない、文字どおり最高経営責任者ということです。

CEO は何も言い訳ができない立場にあります。CXO チーム内で議論して、それでも結論が出なくても言い訳ができず、たとえそれが正解かどうかわからなくても、決断して前に進めていくのが CEO に課せられた最大の責任です。たとえその判断が間違っていても、最終的に責任を取るのが CEO という役割です。

これが CEO の仕事の最高に難しい部分です。「はい、その決断正解！」とその決断したときには誰も言ってはくれません。どうにか次の決断するポイントが見えたとき、「前の決断は正しかった」と振り返ります。エグジットのゴールまでたどり着けなければ、どこかで決断を間違えたとその時にわかります。決断するポイントを CXO チームで協議しますが、最終的に一人で決断し責任を取るのが CEO です。

未知への戦いに挑む CXO チームの先頭に立つのが CEO で、それができないのであれば、CEO はさっさと他の CEO 候補者と選手交代です。

■ ビジネスのビジョンの決定

　CEO はスタートアップするビジネスのビジョンを決める人です。もちろん、最終的に決めるまでは、CXO チームの意見も聞きますが、最後は CEO がひとりでビジョンを決めます。もしその決定に従えない人は CXO チームをやめるほかありません。CXO チームは CEO に従うと決めたのであれば、途中で CEO の決定を絶対に蒸し返してはいけません。これがビジョンを決定するときのルールです。

■ 会社の短期、長期の戦略、方針、実行の決定

　CEO は、常に何が一番肝心かを考え、決めていくのが最大の役割です。競合他社よりも優位に立つ成功要因につながるアクションは何か、CEO が、経営のコアとなる短期や長期の戦略となるビジネスモデルについて、少なくともデスバレーから一つの谷（例えばシリーズ A、B、C など）を渡るまではぶれない大筋を決めます。

■ 取締役（ボードメンバー）を採用する（解雇する）

　CEO は取締役を CXO チームと同様に慎重に採用していきます。ボードメンバーは日本語で取締役と翻訳されていますが、シリコンバレー流スタートアップで周知する意味合いは多少異なります。

日本国内では、社内外の取締役たちが実際に会社の経営に携わる部隊と認識されていますが、文字どおり「取り締まる役」という意味で、CXOチームの実行部隊がきちんとそれぞれが役割を担い、責任を果たしているかを徹底的に監督し、取り締まるのが取締役の役割と責任です。

　もしCXOチームが株主の期待に反する行動を取った場合は、取締役会の役員たちは法的責任があるため、監督不行き届きとして厳しく責任を問われます。単に、経営の議決権を持つだけでなく、月1回（スタートアップの状況によって頻度は異なる）、CEOから事業進捗の報告を聞きながら、正常にCXOチームが機能するために積極的に関わりを持ちアドバイスをしなければならない責任があります。

　肩書きだけ名乗る取締役はスタートアップには必要ありません。そのため、責任を取るリスクも多大にあることから、もちろんそれは対価としてストックオプションの数や、報酬の金額に反映されます。

　このように、取締役会は形式上存在するのではなく、CXOチームと同様に、株主の利益の代表として責任を果たす役割があるため、それ相応に役割を果たせそうな人選が重要となります。しかし、大抵は「この人に取締役になってもらえれば、会社の信用も高まる！」と期待する人ほど、すでに他社の取締役になっていることが多いので、この点が難しいです。

しかも、取締役候補者が自分たちと似たビジネス内容の会社の役職についているというケースも往々にしてあり、利害関係が衝突し情報が漏えいしてしまうこともあるので、採用する前にきちんと身上調査する必要があります。もちろん、先方も同じく慎重にスタートアップ側を評価し、取締役に参画すべきか検討しています。

　取締役会は重要なので、会社の運営責任者としてCEOは密接なコミュニケーションを図る必要があります。必要に応じて取締役会を説得するスキルもCEOには不可欠です。取締役会と投資家、CEOの3者が会社の方針に対して全員意見が一致するとは限りません。

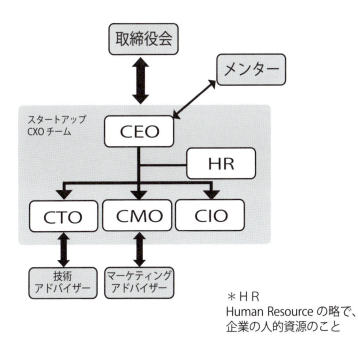

■ アドバイザーを採用する（解雇する）

アドバイザーが取締役のようにスタートアップに対して経営のアドバイスをすることがあるので、取締役と同じ役割と責任かと困惑する人もいますが、大きな違いが２つあります。１つ目は、アドバイザーは基本的に、経営に関する監督者としてのアドバイスをするのではなく、専門分野のアドバイスが中心になります。２つ目はアドバイザーには取締役のように議決権がなければ、法的責任もありません。つまり、経営に直接関わることは意見できません。それを言う役割を担うのが取締役です。

アドバイザーに着任してもらう人は、できる限りその専門分野や業界で顔が広く、影響力のある人が望ましいです。なぜなら、このようなアドバイザーがいると、対外的にも信用度が上がるからです。アドバイザー候補者は、常日頃のネットワーキングや、VCなどからの紹介や、場合によっては、リクルーターを使って探す場合もあります。

■ エグジット方針の決定（株式公開、会社・事業売却、廃業等）

ビジネスのエグジットを最終的にIPOかM&Aのいずれにするか意思決定するのもCEOの重要な仕事の一つです。

CEOは、必ず投資家のところで資金調達するまでに、エグジットをどれにするか決めておきます。CXOチームで協議するのではなく、CEOが独断で決めます。

　投資家たちは、出資者たちから集めた投資資金（ファンドと言います）をスタートアップに投資します。その資金は決して寄付金ではありません。ファンドの出資者たちへ投資した10倍以上ものリターンにして返金するビジネスをしているので、投資先のスタートアップのビジネスが、いつ売上ができて資金回収の目処がたつのか、投資家たちにとって最大の関心事です。

■ 資金調達を必死で行う

　資金調達を望むCEOは、資金調達のタイミングや投資分野をよく調査し、エグジットする計画を明確にした上で、投資家との交渉に臨みます。多くの場合、スタッフの思う条件に投資家と合致するところは限りなく少ないので、通常数十以上の投資家に臨む覚悟をしておくことが必要です。

　CEOは投資家に会ったら、"Hello! How are you?"（「こんにちは！元気ですか？」）とただ天気の話をするのではなく、まず「ファンドの寿命は何年残っていますか？」、次に「投資分野（ポートフォリオ）（自分のと）合っていますか？」さらに「エグジットはIPO（もしくはM&A）をX年以内で考えていますがいいですか？」と、単刀直入に聞いてみます。そして、CEOの最大の仕事は、投資家との次のアポイン

トを確実に設定することです。これは決して投資家たちに失礼な対応ではありません。お互いに無駄に時間を潰さないで効率よく進めるためのコミュニケーションです。やみくもにお互いの時間を無駄にすることのないように気をつけましょう。このヒアリングはCEOの重要な仕事です。

■ タイムリーなクロージングをする実行責任者

　国内のVCの多くは、「他社が（投資）出すなら自分たちも出す」という傾向があります。リードインベスター（代表投資家となり他の投資家たちをとりまとめる役割を担うVC）となって、有望案件を他のVCに横取りされないように投資を即決するシリコンバレーとは違い、そのようなことに発展することは限りなく少なく、銀行さながらにスタートアップと付かず離れずの関係を保ちながら様子をうかがうVCも少なくありません。

　口は出すのに投資しないというVCに振り回されないためにも、CEOはじっくりVCの話を聞き、今後どのVCが実際に手を動かして身を粉にしてサポートしてくれるか判断しなければいけません。そして、脈がありそうなVCから投資を受けるタイミングを逃すことなく接触する実行責任者がCEOです。CEOにとっては厳しい状況に置かれることは確かですが、ある段階ではありうることと知って、理解し覚悟しておく必要があります。

■ 社内のマネジメントチームの掌握

　CXOチームの人数が増えてくると、チームの結束が乱れたり、空中分解したりする懸念も出てきます。これを避けるために必要なのは、社内のコミュニケーションを円滑に行うことです。特に、スタートアップの段階ではCXOチームの結束が非常に重要です。お互いに一番苦しいシードステージやアーリーステージの売上のない時期（デスバレー）はCXOチームが一丸となって各役割を果たすことです。

■ 取締役会（ボードミーティング）の主宰とマネジメント

　取締役会はCXOチームの前途多難な時期に、非常に重要な役割を果たします。例えば、CEOが何か重要な決断を迫られたときには、今までに自らスタートアップした経験から解決策をアドバイスしたり、投資に関して幅位広い人脈の中から有益な人を積極的に紹介します。取締役は誠実でいつでもCEOの相談に乗れるような人物を選ぶことが重要です。

　しかし多くの場合、そのような取締役は大変多忙であるために、毎回会議に出席できないかも知れないので、Skypeなど電話会議室システムを使って参加してもらうこともできます。選ぶ取締役の数にも気をつけましょう。通常は多数決で結論が出せるように3人や5人と奇数にします。

■ 業界主要企業とのパートナーシップ構築

　CEOは投資家と交渉するときに、すでに優良で有望な見込顧客企業と強い協力関係が築けているとアピールできる状態になっていることが理想的です。

　しかも、優良で有望な見込顧客企業が、今後の事業展開で顧客やユーザーとなり、事業展開時のパートナーとして組める相手であると、投資家に説明できるようになることが望ましいです。投資家たちにとって、その見込顧客企業の存在は、投資するための安心材料になります。もっと言えば、見込顧客企業が現実に存在することを証明するために、なんらかのパートナーシップ契約書をつくって見せられるように準備をしておくこともよいでしょう。

■ 企業の顔として業界でのブランディング活動

　自社のビジョンを明確にして、対外的な活動においていつでも会社のブランディングをどのようにしていくべきかを意識して、後々の人材採用や商談の場においてしっかり伝えられるように準備しておくことも、CEOの重要な仕事です。

取締役会（ボードミーティング）運営の12か条

　適切な取締役会を運営するための12か条をお話しします。取締役会を上手に運営することにより、CEOはよいアドバイスが得られ、適切な意思決定に大変役立ちます。そのためには準備が必要です。

　米国ニューヨーク市を拠点に活動していて、twitterやzyngaなどをポートフォリオに持つUnion Square Venturesの共同創業者のフレッド・ウィルソン氏は、VCの立場から取締役会に15年以上も参加してきました。よい取締役会とそうでないものをさまざま見てきた経験をもとに、彼はブログ で、以下のように取締役会の運営の12か条（彼は10か条と言っていますが実際には12か条です）を紹介しています。

> 創業者を取締役会に1名以上入れます。しかし、創業者が多すぎないことです。多様性を持たせるようにすることが重要です。

> VCの議席数を2席か3席に保つことが鉄則です。スタートアップ側としてはコントロールできる構成にしておくことは極めて重要なことです。

> 地理的に近くにいる人を取締役にするようにします。すぐに会えるということが非常に重要になってくる局面もあるからです。取締役会の直近には、前日までにキーメンバーの人事関係のことで相談ごとが多くなります。取締役会は毎月約1回なのでCXOの誰かに辞めてもらいたいといった事情があるときは、直近の取締役会で決めることになります。会議中にいきなり話題にすると事情がわからず結論が出なかったり、意図しない結論になります。それを避けるため、このようなときに実情を事前に説明して理解してもら

い、その上で当日どのように当人に話をすべきか等を根回しして、当日はできるだけスムーズに事が運ぶようにしておくことです。

少なくとも1名、理想的には2名の業界通を取締役にします。創業者とVCから独立している人を選びます。CEOにとって産業の情報をもたらしてくれるメンターの役割にもなります。しかし、スタートアップ側から見ると、創業者の味方となる取締役が望ましいです。

頭が冴えている朝の時間にミーティングをします。パソコンや携帯電話は持ち込ませないようにします。

経験豊富なマネジメント経験者を取締役会に参加させます。特に、スタートアップの場合、キャッシュフローは毎回最重要議題になるので、必ずその場にCFO（いない場合にはコントローラー）を参加させます。

年に4回程度は、取締役会の前夜に食事会を開催します。その際には、プレッシャーをかける経験豊富なマネジメント経験者の取締役は参加させないこともあります。

ミーティングの議題と資料は、遅くとも1日前までに取締役会に参加する取締役に送っておきます。

資料を1枚ずつ説明して無駄に時間をかけすぎないことです。事前に読んでくるのが前提で会を進めます。

ビジネスの現状、今後の進出先、戦略的に意思決定するために時間を使うべきです。これが本来の主たる会の議題です。

経営陣が会社のために働くように、取締役も会社のために働いていることを忘れないようにしましょう。取締役に、期待どおりに働いてもらうように適切にコントロールし、何でも話せる良好な関係をつくっておくことが重要です。

取締役会の議席数を最大でも 7 席以下にします。取締役は 5 人が理想的ですが、多様性を確保するためには 7 席が必要なときもあります。その場合、スタートアップの内部者から 2 席とし、3 席までが VC、残りの 2 席までが CEO が信頼できる業界人が取締役になるのがよいです。一般的には、7 席よりも 5 席以下の取締役会が運営しやすいです。その場合は VC は 1 席、残りの 1 席は CEO が信頼できる業界人にそれぞれ数を減らします。とにかく多数決で物事を決めるときのために、取締役会の議席数を奇数にしておくことです。

　その他、取締役会の多様性、議席数など形式要件が重要であることが主張されています。このブログをもとに、三井物産の投資部門で勤務している、デイブ・タケウチ氏は、取締役会の「当事者意識」が重要であると言っています。当事者意識を持たせるように、すべての取締役が名乗るだけでなく"働く"ということが、よい取締役会の特徴であると言えます。

＊参考資料（12 か条抜粋）http://avc.com/2006/11/how_to_build_a_/
http://davidtakeuchi.typepad.com/blog/2006/12/post_8.html

取締役・メンター・アドバイザーの相対表

	役割	対象
取締役	会社の最高意思決定機関。通常は月1回くらいだが、必要に応じていつでも開催できる。法的拘束力を持つ。	取締役は任期がある（毎年）。幹部の給与の決定などには、外部から人物を迎え入れて透明性を確保する。
アドバイザー	投資家に対してはその名を知る権威あるアドバイザーがいれば、会社の方針はそのアドバイスを受けているということで信用度が上がる。必要なときには取締役会で意見を求めたり、参加してもらうケースもあるが、会社の意思決定には関わらない。法的な責任も発生しない。場合によっては投資家が直接アドバイザーから技術の信頼性等についてヒアリングすることもある。	会社に必要と思われる専門知識を有する社外の権威者や、業界に広い人脈を持つ人材に依頼することが多い。
メンター	メンターは主としてCEOのアドバザーという位置づけになることが多い。取締役と立場が違うので、通常メンターも法的責任は負わない。	メンターは自らスタートアップ経験のある人でなければCEOの相談に対応できないことが多い。CEOと十分な意思疎通ができる人物である必要がある。複数のメンターの意見を聞くことも重要なので人数を1名に限定する必要はない。

方　法
会社の主要な意思決定事項、ガバナンスルールの決定を記録する。会社の正式記録として全部保存する。この記録は後から加わった取締役に初回分から要求されることもある。裁判になったときには裁判所から証拠として提出を要求されることもある（インサイダー取引や独禁法違反の疑いなど）。ストックオプションの認可、幹部の給与決定記録、主要幹部の採用、解雇記録等は必ず残しておく。取締役は意思決定を多数決できるように定員は奇数（3席や5席）とする。
アドバイスを受ける形も口頭のみならず、レポート提出というケースもある。基本的には会社全体に対するというよりその社内の専門分野に近い人にアドバイスをする。通常は随意契約で、特定のテーマに対して報告書なり直接のアドバイス等を行う。任期は決めないで、契約単位の付き合いにしておくのがよい。特に人数の制限などはないので、会社にとって必要に応じて何人かのアドバイザーと契約することが多い。報酬の支払いは現金、またはストックオプションである。注意すべきは、このようなアドバイザーは、他社とも関係を持つケースが多いので、利害衝突が発生した場合はすみやかに契約解除できるようにしておくこと。
メンターはCEOの抱えるどのような悩みや問題も真摯に受け止め、粘り強くアドバイスする。これをメンタリングと言う。メンタリングではCEOの代わりに答えを出すわけではない。圧倒的にCEOよりも経験値があるメンターの意見や忠告などを、CEOが参考にして最終決断を下す。仮にCEOがメンターのアドバイスに反し、結果がでなくても、「それ見たことか！」としかるのではなく、CEOが独り立ちできるように傍で見守り、次に起こりうる問題解決策を先回りして考えるのがメンターである。それはまるで無償の愛で育てるわが子へのアドバイスの仕方に似ている。

CXO素養確認5チェックリスト

どんなタイプの人がCEOになるとよいか？

- □ 1．コミュニケーション能力が高い人
  ＝ビジョン（実現可能な夢）を投資家たちに伝えて資金調達するために必要なスキルです。

- □ 2．リーダーシップがある人
  ＝CXOチームを率いる原動力となります。

- □ 3．いかなる状況でも即断即決で決定できる人
  ＝道なき道を歩むため、未確定情報・不確定環境でもある条件から最善の道を判断するために必要なスキルです。

- □ 4．学歴コンプレックスのない人
  ＝優秀なCXOチームや部下、従業員を雇用するときにコンプレックスが邪魔をする恐れがあります。

- □ 5．責任を取る姿勢、言い訳をせずに現実を受け入れられる人
  ＝よい進捗状況でない場合の方が多いスタートアップの現実を、他人事のように受け止めず、すべては自分の采配によると受け入れます。

2 最高技術責任者
CTO (Chief Technology Officer)

■ 技術に関する総責任者

　CTOは、技術に関する総責任者です。具体的には、自社技術、他社類似技術の調査、関連技術の特許調査、文献調査などを行い、特許調査をして、どこかの特許に抵触しないか徹底的に調べます。その際、時間短縮のため、調査はCTOがやらずに社外の弁理士に外注することもあります。

　「そんなところの調査はやらなくてもよいのではないか？」とCEOが言っても、CTOによっては、その技術分野についてとことん調べないと気が済まないという人もいます。調査後に開発費がなくなってはいけないので、調査する範囲を決めるのはCTOの役割ですが、スタートアップは「時は金なり」とCEOのようにわきまえているCTOであれば心配ありませんが、最終的にその調査の範囲と費用が見合うか最終的に決定するのはCEOです。

■ 技術開発に関する戦略立案

　競合他社と比較して、「自社はこの技術で、○○をすべきである」ということを決めるのがCTOです。また、重要な仕事の一つは、CIO（Chief IP Officer：最高知財責任者）の業務も兼ねていることです。いかに自社の知財戦略を構築していくかは、ビジネスモデルや事業展開

にとって最重要課題なので、特許の専門家のアドバイスを十分聞いた上で、最初から戦略を明確にするのが CTO の役割です。マクロなものの見方ができることが重要です。

■ 知財戦略を立てる

CTO は技術を単に開発する責任者という立場ではありません。商品開発ロードマップをつくり、これをスケジュールどおり遂行するための計画をつくるのが CTO の役割です。もう一つ大きな責任として、特許を含む知財戦略とビジネスモデルに関連してどのようなコア技術を社内に保持し（クローズド部分）、どのような技術情報は外部に公開して（オープン部分）、ビジネスを広げるか戦略を立てることです。

これから新会社が技術開発をし、商品を販売してビジネスをしていく上で、自社のコアとなる技術や知財を守り、競争力を保持しながら、一方である部分は積極的に外部に公開またはライセンスをして、自社商品の顧客やユーザーを拡大し、利益をあげられるかを考える必要があります。これらをベースにしてビジネスモデルまで含めて、どのような知財戦略を組み立てるべきかを CEO に提案する最高責任者が CTO です。特許は単にたくさんあればよいというものではありません。それらの特許をいかにビジネスに有効に駆使するのか、その知財戦略が非常に重要です。

■「公開する部分」と「しない部分」という戦略

　知財戦略について、事例として測定器の電卓用ICチップを開発している企業A社を例に説明します。A社は、知財戦略に技術を公開する部分としない部分を設けるという戦略を立てました。

　公開する部分（オープン部分）とは、測定器周辺のインターフェースやICチップ駆動の電圧、電流の仕様やピンの配置情報の部分です。積極的に公開し、このICチップを使えば、誰でも簡単に電卓がつくれると公開します。反対に、ICチップの中のOSは何か、どんなロジック回路か、演算アルゴリズムに何を使っているかというコア技術となる部分（クローズド部分）は、一切外部に公開しません。

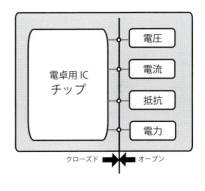

　公開する部分としない部分をつくることで、世界各国で誰でもその国の好みに合わせた電卓がつくれるようになったA社の技術は、その戦略で顧客を増やすビジネスモデルが構築できました。ICチップの中身の改良は一切他社からの影響が及ばない環境をつくり、その上でこのICチップの性能向上や機能向上を進化させ他社との差別化を図りました。真似されないように、だけど世界中に広げたい矛盾する願望を成立させたビジネスモデルです。

■ 知財戦略を立てたビジネスモデル

　上記のA社の事例から、ビジネスモデルは大きく2つ考えられます。
　　1．自社で電卓をつくり最終商品にして市場に出す
　　2．自社では電卓をつくらずICチップの販売事業を行う

　どちらもビジネスとして魅力的ですが、同時に2つは行えないので（絶対に1つにフォーカスする！）、A社は2のビジネスモデルを採用したと仮にします。その選択が正しいかは、すべてが終わってみないことにはわかりませんが、この事例から学ぶべきことは、CTOはこのように具体的にどんなビジネスモデルが有利なのかをCEOやVPMとともに検討します。この際にCTOは技術的な観点から勝てるビジネスモデルを戦略化するということです。

■ 商品アーキテクチャーを設計する

　商品アーキテクチャーというのは、全体のフレームワーク設計のことです。この商品が土台から屋上まで、どのような部分から構成されていて、それらがどのように動作し、互いがどのように関連づけられて動作するか、あらゆる変化に合わせて考えられてつくる設計図のことです。この段階では、内部の詳細はまだ決まっていませんが、各部分はどのような仕様で、どのように結合するのか、そういった表面上の部分だけが決まっている段階です。しかし、この商品アーキテクチャーを考えるCTOの頭の中では、すでに完成時に、商品がどうあるべきかという完成イメージが明確になっていることが重要です。

料理にたとえると、晩御飯は中華で餃子をつくると決めたけれども、野菜の餃子か、肉だけの餃子か、ピリ辛か、あっさりか、それは食べる人の食欲によって変わってくるので、そこまでは決めない、という状況に似ています。

　この商品アーキテクチャーがよく考えられると、それ以降の作業が各役割へとうまく分業できるようになります。実際には、ケースバイケースで異なりますが、一般的に大変複雑な工程になってくることが想定できるので、この設計には多くの経験と高度な専門知識が必要になります。この時点で経験と実績のあるCTOと、経験の浅い未熟なCTOやエンジニアの商品アーキテクチャーとでは、大きく異なった結果が表れます。

　経験の浅い未熟なCTOやエンジニアの商品アーキテクチャーは、その後も作業途中で修正が多く、完成までに時間がかかり過ぎます。そうすると、また一から作業を行う必要が出てきたりして、計画が大幅に遅れてしまうこともあります。「時は金なり」のスタートアップには致命傷となります。これは簡単に誰でもできるという仕事ではなく、CTOの業務の中で大変重要な責任を負う仕事です。ただ技術畑出身というだけでCTOにはなれないのです。

■ 商品開発ロードマップを作成する

　CTOは限られた時間内での商品開発ロードマップを作成します。スタートアップをしたばかりのときは、製品やサービスのコンセプトを検証する段階なので、顧客やユーザーに評価してもらえる最低限のデ

モができる状態でよいのです。商品開発ロードマップを元に、技術面におけるエグジットまでの開発計画を粗い状態のものでも、まずはつくってみます。開発実行部隊となるエンジニアたちなど、それにかかる人件費を推定し、資金調達のタイミングとの整合性を図ります。この部分はCEOとともによく擦り合わせる必要があります。

　右図をご覧ください。縦軸が資金、横軸を開発項目として時間を表した図です。開発が進むにつれて、エンジニアを採用していきます。それを線グラフで表しています。例えば、Xday①のタイミングでは、展示会に出展する期限が決まっている場合、その開発には10人のエンジニアが必要となります。Xday②ではシリーズＡの資金調達するタイミングが迫っていて、計14人のエンジニアの体制で挑む計画です。棒グラフは、手持ちの現金を表しています。このXday②までは第三者からの資金は受けずに進むので、それが底をつく前に開発を終えて資金調達を達成しなければなりません。

　CTOが作成する商品開発ロードマップとは、一見すると、最終的に数字を並べていくように見えますが、展示会やその他の重要なイベントに合わせてタイミングを計り、開発項目を最小人数で目標達成するために仕事をこなすエンジニアを増員し、しかも資金が底をつく前に目標達成する右図をイメージできることが重要です。

■ エンジニア採用のタイミングを決定する

　必要なエンジニアを採用するタイミングを考えるのもCTOの役割です。実は、この判断がとても難しく、仕事がまだない状態のときにエ

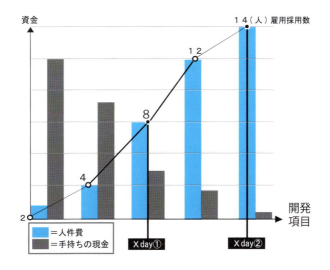

ンジニアの採用を急ぎすぎては資金の無駄になり、遅すぎても開発全体の遂行が遅れかねません。この判断をするCTOは責任重大です。

　CTOは普段からVPE候補者に、CXOチームに加わってもらいたい時期をだいたい伝えて、就任まで心待ちにしてもらうために（会社を辞める準備をする人もいるので）、頻繁にコミュニケーションを図り、スムーズに採用できるよう努力します。しかし、そうは都合よくフリーに活動している優秀なエンジニアはいないので、CTOはCEOとともに人材リクルーターと面接を行うこともあります。

■ 優秀な部下を採用できる度量を持つ

　CTOの指揮の下、VPEやエンジニアが採用されますが、CTOは自分の能力以上のVPE候補者が現れた場合でも、コンプレックスを抱くことなく採用できる度量を身につけることが大切です。

採用したエンジニアが希望どおり優秀だけど、自分よりもある部分がより優秀な場合もあります。1を言って10を知る優秀な部下で即戦力になると思えればよいですが、生意気な奴だと思ってしまうCTOでは、むしろそのCTO自身が他のCTOと選手交代です。結局、スタートアップは機械ではなく人間の営みです。コンプレックスなどに邪魔されることなく、優秀な部下たちがのびのび実力を発揮し事業に貢献できるようにマネジメントするのがCTOの仕事です。

■ 自社商品の技術的優位性を明確する

　いかに自分たちの製品やサービスが技術的に他社より優位であるか、そのために競合他社の技術調査をするのがCTOの役割でもあります。技術専門の人たちしかわからなくていい、ではなく「ここが売りだ！（これで他社との戦いに勝つ！）」というのを、社内のどの社員にもわかるように明確にするのがCTOの任務です。

　他社と比べて、性能がよいというのであれば、具体的にどのようによいのか、わかりやすく特徴立てて見えるようにしなければなりません。そして常に技術の売りを考えるときに、「投資を受けやすくなるかどうか」を判断軸に据えることが重要です。技術は決して最先端である必要はありません。その技術がいかに効果的に問題を解決するか、という点が重要であることを忘れないように肝に銘じます。

■ 技術を実証する

　CEO が資金調達するときに、CTO は特に技術面の説明を投資家たちから求められます。競合他社との性能比較について、「ここが売りだ！」という部分が、性能・値段・スピードが 2 倍ほど改善してよくなったという説明では投資家たちには魅力的に思えません。従来と比べて 1 桁違うというぐらいドラスティックな成果が期待され要求されます。

　結局、性能・値段・スピードが 2 倍ぐらい改善しても、もし競合他社がダンピングすればすぐに追いつかれてしまいます。しかし、値段が 1 桁安くなるとすれば、さすがに 10 分の 1 の値引きは実現できません。ただし、コストが 1 桁下がるというのであれば、説明内容を担保できる証拠を CTO は準備する必要があります。

■ 商品開発ロードマップを死守する

　CTO は、資金が底をつく前に、商品開発ロードマップどおりに開発を完了させなければなりません。やるべきことが多くある中、CTO は、最も重要な要素が何であるかを常に考え、優先順位を付けながら、最終的に資金が足りなくなりそうであれば、どこを切るか（何をやらないか）を決めて CEO に相談します。計画が破たんしないためにも、経験不足な CTO は決して採用してはなりません。CTO はなりたくてなるのではなく、なるべき人がなることが大前提です。

CXO 素養確認 5 チェックリスト

どんなタイプの人が CTO になるとよいか？

☐ １．CEO のビジョンに合った製品やサービスなど、その技術開発において幅広い視野と見識を持つ人
　＝言い換えれば、その分野の技術開発経験がある人のことです。未経験者だと手に負えない状態に至ります。

☐ ２．部下のエンジニアたちに仕事を任せられる人
　＝日本的に表現すると、この CTO は技術開発の研究所のトップのイメージです。技術オタクでは務まりません。

☐ ３．困難で高度な技術開発でも、諦めずに回り道をしてでも解決する人
　＝技術開発に妥協せず、レベルを落とさないことが CTO に求められます。

☐ ４．学歴コンプレックスのない人
　＝優秀なエンジニアなどの部下・従業員を雇用するときにコンプレックスが邪魔をする恐れがあります。

☐ ５．学会や研究会に精通していて、技術動向を正確に読める人
　＝自社の開発技術のポジショニングが理解でき、自社の技術の先行性、優位性が正しく評価できることです。

3 VPE (Vice President of Engineering)

CTOと協力して決められた期間内にプロジェクトを完了する責任者

■ 実行部隊の総責任者

VPEというのは、平たく言うと、プロジェクトマネジャーのことです。CTOが商品アーキテクチャーを決めた後、類似する企業の製品やサービスの内容と比較を行いその特徴を明確にしたり、各生産工程でのコスト構造を解明してブレイクダウンする役割をします。

日本では、このVPEの役割を技術の総責任者のCTOの仕事と思っている人も少なくありません。CTOは戦略を立て、技術調査を行い、特許戦略をつくることに集中する役割を担う存在です。絶対に、CTOはVPEの役割まで守備範囲を広げてはいけません。逆に言えば、VPEもCTOの役割まで食い込んでしまってはいけません。

VPEは実行部隊の責任者、製造業で言えば、工場長としての役割に近いイメージです。CTOが技術に妥協しないタイプで、VPEは折衝ができるタイプの人が望まれます。VPEは、CTOと同じか、CTOよりも少し後のどちらかのタイミングで、CXOチームに加わるのが通常です。

■ 労務管理が仕事の大半

基本的なVPEの役割は、CTOが作った商品アーキテクチャーをブレイクダウン（実務レベルに具体化）することです。決して、VPEがCTOの作った商品アーキテクチャーを勝手に変更することはあり得ません。あくまでも実行部隊です。

VPEが実行するためには、優秀な人材や開発環境など、開発に必要なリソースの確保がカギとなります。エンジニアとプロジェクト全体のマネジメント、開発の全工程管理をCTOと相談し、随時（または毎週や毎日）、全体幹部ミーティングで、情報交換しながら実行していきます。いずれにしても、どのような製品やサービスをつくるか、最終的にはCXOチームと協議しますが、最終的に決めるのはVPEでもCTOではなく、CEOに変わりありません。そのCEOが決めたものを実行するのがVPEです。

■CTOとともに商品開発ロードマップを作成する

　CTOと協力して、開発ステージに合わせて必要な人材のジョブスペックを作成してリクルートするのもVPEの仕事です。常にキャッシュフローを考慮して、効率的に進めていきます。CXOチーム間では、会社のキャッシュフローの状況を開示して情報共有し、常に残高を意識します。もっと言えば、単月いくら費用がかかっているかなどバーンレート（現金燃焼率）を把握し、時間と勝負するのがVPEの役割です。

■特許・権利化を進める

　製造プロセスの中で出てきた改良や改善的なアイデアは重要です。早急に権利化（特許など）していきます。その場合、VPEは真っ先に技術面はCTOに相談しますが、資金面に関してはCEOと相談しなければならない事柄が多いので、それぞれの最高責任者と相談していきます。

CXO 素養確認 5 チェックリスト

VPE
CTO と協力して決められた期間内に
プロジェクトを完了する責任者

どんなタイプの人が VPE になるとよいか？

- ☐ １．技術や製品、サービス内容を具体化できる人
  ＝顧客目線で価値ある商品化ができる人です。

- ☐ ２．コミュニケーション能力が高い人
  ＝仕事の大半が労務管理になる場合もあります。

- ☐ ３．プロジェクトマネジャーの経験があり管理できる人
  ＝製造業の場合は、サプライチェーン(供給連鎖)の知識が重要になります。

- ☐ ４．障害に突き当たったときに他の手段で解決できる能力のある人
  ＝障害（人・購入資金・技術的障害）を分析し、何がボトルネックか明確に理解して実行できる人です。

- ☐ ５．競合分析ができる人
  ＝いつも競合他社の動きに目を光らせている人、それに対して顧客がどう反応しているかなど流れが読める人です。

4 VPM (Vice President of Marketing)

計画中の商品の市場調査責任者

■ 計画中の商品の市場調査の総責任者

　VPMの仕事は、市場規模の推定と成長性を調査するマーケティングです。例えば、市場規模が現在1,000億円で成長性は見込めないのと、現在100億円でも今後数年で20%の成長性が見込めるのとでは、後者の市場規模の方がスタートアップにとって魅力的です。下図をご覧ください。水色の成長市場のグラフの棒が今はAの地点でも、今後A'まで成長が期待できるのであれば、どの市場について話すときでも、投資家たちはこの水色の方に興味があります。

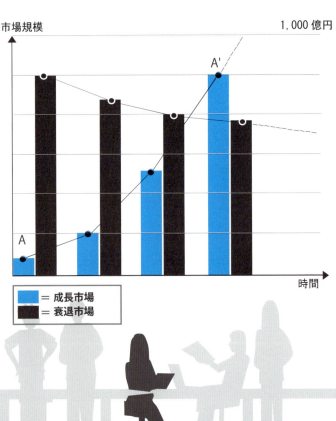

■ 最初の顧客を発掘するのが最大の仕事

　VPM は、市場調査と同様に、有望な見込顧客の開発、および顧客やユーザーと良好な関係を構築することが重要な役割です。有望な見込顧客やユーザーとは、お金を出して買ってくれる人のことです。有望顧客やユーザーは、お金を支払い、かつ評価してくれる重要な存在です。そして次々に見つけ出した有望な見込顧客が一体どのくらい市場に存在するか、数値化して調べるのが VPM の役割です。そのためにも、顧客やユーザーとの信頼関係を大切に作り上げていける人が望ましいです。最初の顧客が有名な企業であれば、大きな PR 効果を生みます。

	VPM	セールス
役割	未確定な顧客に最低限の性能をもつ商品を使ってもらい、反応を開発部隊にフィードバックする人のこと。	決めた顧客セグメントに完成した商品のを他社よりよい条件で売る人のこと。

■ 顧客やユーザー視点の問題点ヒアリング

　VPM は、顧客やユーザーの視点から製品やサービス内容の問題点を試作デモを見せながらヒアリングします。そして、改善を繰り返すためにも、表面的ではなく、問題の根底にたどり着くヒアリング技術が重要となります。この時点では決してセールスのように決まった顧客層に売り込むことを目的とせず、何を聞き出せば開発部隊にとって最善のフィードバックとなるかを念頭に置き、根気強く顧客やユーザーに耳を傾けます。場合によっては、実際にそのヒアリングの場にエンジニアが同席する場合もあります。

■ 見込顧客やユーザー自身も気づいていないニーズ

　見込顧客やユーザーにヒアリングするときに最も難しいことは、顧客やユーザー自身も何に困っているか気づいていないケースがあるということです。スタートアップは、他の誰も取り組んでいないことに挑戦して商品をつくります。言い換えれば、他社も気づいていないことを商品にしていきます。自分たちですら、それがいったい何かわからない状態から商品開発のためのヒアリングを始めるので、どんな凄腕の VPM でも一筋縄ではいきません。

　マーケティングの難しさを表した事例が、３M 社の開発した Post-it® という商品です。Post-it® とは、本のページに貼ったりはがしたりできる付箋（メモ用紙）で、世界中でよく知られた文房具です。今では当たり前のようにある商品ですが、この商品が開発された当初は、どんな見込顧客やユーザーに何回ヒアリングしてもそのニーズがつかめなかったといいます。貼ってはがして使う付箋が、どんな商品かイメージすらできなかったからです。

　このヒアリングはセールス（売り込み）ではないので、シリコンバレーではヒアリングのときは「商品は車内に置いて顧客と話せ」と言われています（顧客に見せずにヒアリングするという意味）。さまざまな会話や現場を観察して顧客やユーザーの本当のニーズを感じ取ってく

ことが必要です。その訓練と経験を積むと、ヒアリング技術が高まり、フィードバックに適した改善項目も明確にすることができるようになります。シリコンバレーでは、消費者のためのに近い商品は最低100人に会って話を聞くことから始めると、ビジネスセミナーなどで教えています。

■ 設計開発へのフィードバック

　マーケティングの総責任者であるVPMは、開発が始まるときに役割を最大に発揮しはじめます。商品ができあがってから顧客やユーザーを探すのがマーケティングではなく、顧客やユーザーさえまだ気づいていないニーズに着手し、初めて開発を行う段階で、顧客やユーザーの言動や動向をよく観察し、分析していくことから始めるのが本来のマーケティングです。VPMは顧客やユーザーのニーズを探り出し、それをもとにCTOが設計開発に着手するこの製品やサービスのどこに価値があり、顧客やユーザーが対価を支払うかを、瞬時にフィードバックしていかなければなりません。

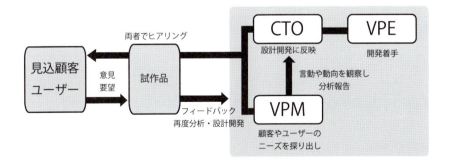

■ ターゲット市場への参入戦略立案

　ターゲット市場にどのタイミングで商品を販売するのかという参入戦略を立てるのも VPM の重要な役割です。例えば、米国ではクリスマスの商戦で 1 年間の売上の半分を稼ぐと言われています。そうすると、12 月に店舗に商品を並べるのでは参入するタイミングは遅く、逆算すると 11 月末の感謝祭の休日には確実に販売開始、そのためには広告や PR を遅くても夏には実施し、それには商品はさかのぼって遅くとも春までには完成させていなければなりません。半年前にその状態になるためには…と、このようにして、市場が盛り上がるタイミングに合わせて参入するなどの知識を持つことが、VPM の役割です。

　VPM は、商品が最低レベルには達し、こだわりからすると不完全かもしれないけれども、第一に優先すべきは市場への参入時期と判断し、これを逃しては、どんなによい商品やすばらしい技術でも、元も子もなくなると考えて、ターゲット市場への参入戦略を慎重に、ですがタイミングよく立案しなければいけません。

■ ブランディング戦略の確立

　ブランディングとは、顧客やユーザーの視点から発想し、これから開発して販売する商品に対する顧客やユーザーの共感や信頼など、企業や商品の価値を高めていくことです。新しい商品内容にはどんなイメージを持ってもらいたいのか、まずはそこから企業や商品のロゴマークや商品名を CI(コーポレートアイデンティティー) デザイナーと考えます。デザインしたロゴマークが、他社のマークと類似して、後で訴

訟されないように慎重に調査して最終決定する必要があります。その場合は弁理士とも相談しながら進めていきます。

　他社と差別化できるロゴマークをつくったら、逆に他社に真似されないように登録商標にしておくことも重要です。これらは後々資産化されるのでブランディング戦略として確立しておくべきです。そのほかにも自社の商品が競合他社とどのように差別化されているか、容易に商品が理解できるようなキャッチフレーズなども併せて考える必要があります。このようなブランディングをしていく上で生まれる知財をすべて登録商標として出願しますが、資金的な決断が大いに関係するので、VPMはCEOと密に話し合います。この場合も最終決断はCEOです。

　そのほかにも、最近は音も登録商標ができるようになったので、もし何らかのブランディングのイメージアップに効果音を使うのであれば、これらも念頭に置いて進めるとよいでしょう。このような知財に関係する場合は、CIO（Cheif IP Officer：最高知財責任者)のポジションを置いて適任者と戦略を立てる場合もあります。

■ 熟慮し徹底的に市場を調べ上げるのがVPMの責任

　CEOが投資家に向けてビジネスプランを提出するために、VPMは、上記で話した顧客発見という観点から、CEOが作り上げるビジネスプランに肉付けをしていきます。徹底的に市場を調べ上げるのがVPMの役割と責任ですが、最終的にどのようなブランディング戦略をとってどのタイミングがよいか最終決断をするのはCEOです。

CXO 素養確認 5 チェックリスト

計画中の商品の市場調査責任者

どんなタイプの人が VPM になるとよいか？

- [ ] １．狙う業界のマーケティング経験のある人
  ＝すでに業界の有望顧客等との繋がりがあれば大きな力になる。

- [ ] ２．フットワークが軽く必要に応じて積極的に行動できる人
  ＝社外に出て顧客や業界情報を積極的に集める人が好ましい。自社商品のビジネスチャンスをいつも探索する積極性が必要です。

- [ ] ３．競合他社の動向を分析できる人
  ＝常に競合他社の動きにも目配りし、自社商品のポジショニングを正しく判断できることが重要で、敵の動きをいつも読み、その先の戦略立案ができることが重要です。

- [ ] ４．戦略的に短期、中期、長期の業界の流れを分析できる人
  ＝広い視野から今後の顧客の動向とを見極め自社の進むべき方向を CEO に正しくフィードバックできることが極めて重要です。一匹狼ではなく、社内トップとのコミュニケーションがスムーズにできる性格が重要です。

- [ ] ５．プレゼンテーション技術を身に付けている人
  ＝顧客など、対人関係構築を得意とし、長期的なよい関係が築けることです。

社員が増えてきたときに、CEOの代理人としての役割を担う副社長的存在

5 COO (Chief Operation Officer)

■ スタートアップ直後はCEO/COO兼任

　スタートアップして間もない時期は、CXOチームのメンバー数もさほど多くはないので、COOは必要ではありません。社員が数十名に増えてきたときに、CEOが手一杯という理由で代理人としての役割を担うため、COOが採用されます。COOは、日本では副社長的な立ち回りをする存在だと認識されていますが、シリコンバレーでは社員が2、3人の初期のスタートアップにCOOがいることの方が不思議に思われます。

　例えば、社員数が30人にも増えてくると、開発業務や人材採用、セールス活動など、それなりに会社の仕事も多岐にわたってきます。業務内容にもよりますが、CEOはほとんど社外の取引先、顧客、ユーザーなどとの交渉やコミュニケーション、あるいは資金調達のために海外出張も必要になったりと外出が多くなり、日々の社内のコミュニケーションが十分に取れない状況になってくるので、副社長的な役割を担うCOOを採用します。また、CEOが病気など何か特別な原因で不在の場合に、CEOに代わりCOOが意思決定を行います。

　しかし、これはあくまでその会社のCEOの業務次第なのでケースバイケースです。基本的には組織はシンプルで効果的、合理的に考えるべきなので、COOの必要性がない限り配置しないポジションです。極端に言うと、エグジットする最後までCOOを置かない会社もあります。

■ あくまでも CEO の代理、COO は次期 CEO 候補者

　したがって、COO が独自の考えを社内に押し付けたり、CEO と異なる方針を打ち出したりすると会社は混乱します。場合によっては、CEO がいない間に COO が反乱を起こすということも可能性としてあります。今まで雇っている社員から COO に内部昇進させるのがよいですが、適任者がいなければ外部から採用することもあります。いずれにしても、CEO が多大なる信頼を寄せている関係であることが COO 候補者採用の絶対条件です。また、取締役会から CEO の次期候補者としての適格性が問われます。万が一、CEO が経営できない状態に陥って地位を退いたとします。通常、そのとき新たに CEO になるのが、COO です。

■ COO の部下の問題

　すでにいる社員の上に後から COO をつける場合は、それまでいた社員の直接の上司が CEO から COO に変わります。社員にとっては、今いる CEO が上司だから意欲を持って働いてきたという場合があります。つまり、COO が上手に部下とコミュニケーションがとれないと、せっかくよい COO が見つかり雇用できても、その既存の部下たちが退社してしまうということになりかねません。これは、後から COO のような上のポジションを連れてくるからこのような問題が起こるので、できる限りすでに CXO チーム内にいたメンバーから適任者を COO に昇格させるか、またはコミュニケーション能力が高く、現在の CXO と信頼関係を構築できる人物を採用する必要があります。

CXO 素養確認 5 チェックリスト

COO
社員が増えてきたときに、CEO の代理人としての役割を担う副社長的存在

どんなタイプの人が COO になるとよいか？

- ☐ 1．CEO の意向を十分に部下に伝達できるコミュニケーション能力のある人
  = COO は CEO と部下たちのモチベーションを上げて部下の能力を引き出せる指導者です。

- ☐ 2．取締役会から厚い信頼がある人
  = 万が一、CEO が経営に携われないピンチに遭遇した場合、COO が CEO の代理となります。

- ☐ 3．内部の問題を解決できる人
  = 社内を一枚岩にして力を集中させます。

- ☐ 4．良いことも悪いことも社内の人々の考えを正確に CEO に伝えるコミュニケーション能力が高い人
  = いわゆる CEO のイエスマンにならないことです。

- ☐ 5．部下をリードする経験や実績のある人
  = 急成長するスタートアップでは、多くの人が入社することになるので、会社のビジョンを共有させベクトルを合わせたチームを構築する能力が COO に求められます。

最高財務責任者
6 CFO (Chief Financial Officer)

■ 法律関係の制約を受ける専門職

　CFOは財務に特化した専門職（スペシャリスト）です。CFOは、購買契約や販売契約業務を担当したり、給与を含めた人事制度についても責任を負います。そのほかに、資金調達のための投資家との交渉、投資家へのプレゼンテーション、投資条件の最終決定（投資金額、会社評価額の決定等）など、基本的にすべてCEOが決定して交渉しますが、資金面の詳細についてCEOの判断材料を用意することがCFOの役割です。

　CFOは、会社のすべての財務を担いますが、日常的な経理事務処理はコントローラー（会社の会計や原価計算などをする専門担当者）やアカウントント（会社の会計を管理する担当者）が月次決算をします。それを管理する責任はありますが、CFOのような給与が高額な専門職は会計全般は行いません。決して、番頭的な役割をしている人をCFOと間違えて理解しないでください。日本では2、3人の会社でもお金回りを担当する人をCFOと言う人もいますが、本来のCFOの役割を理解すると、かなり違った存在だと理解できます。

■ デスバレーの渡った先にいる

通常、シリコンバレーでは、製品やサービスの仮説と検証を繰り返しているシードステージやアーリーステージの時点では、このような高度な専門職のCFOはCXOチームに必要ありません。CEOの右腕となって文字通りIPOやM&Aの資金回りという財務を担当するのがCFOです。したがって、多額の資金調達が必要な時期や、エグジットを目前に資金調達を実行する段階になってから、CFOはCXOチームに参画するケースが多いです。シードステージやアーリーステージでは、CEOはCFOからメンタリングを受けながら、つかずはなれずの関係を維持しつつ、CFOはデスバレーを渡りきった後にCXOチームに加わります。

■ CFO採用は調達金額次第でCEOが決める

通常シリコンバレーでは、CFOを採用するか否かは資金調達する金額によってCEOが決めます。例えば、10億円単位の資金調達を行う場合、当然投資家からかなり緻密で詳細な経理の報告書などの提出を短期間で要求されます。それを社内のコントローラーやアカウンタントの会計や経理の事務レベルで対応するのは難しく、できたとしても時間がかかり過ぎてしまいます。このような事情であればCFOを採用する意義がありますが、これが3,000万円くらいの調達金額だと、CFOの給与を支払って何もないまま終わりになりかねません。

CXO 素養確認 5 チェックリスト

どんなタイプの人が CFO になるとよいか？

- ☐ 1．緻密な人
  ＝高度な専門職なので、細かい対応ができることです。

- ☐ 2．開発グループとぶつかりあえる人
  ＝開発部隊とコスト面で折り合いがつかない場合も、最後まで妥協せずに資金管理できることです。

- ☐ 3．投資家とのネットワークを持っている人
  ＝ CEO とともに資金調達に励められることです。

- ☐ 4．資金調達に必要なグローバル展開の知識がある人
  ＝過去のトラックレコード (経歴) が生かせることです。

- ☐ 5．人事管理の面の経験がある人
  ＝特に人件費の管理、監督ができることです。

PART 3

スタートアップのための
CXO

チームメンバー候補者の探し方と採用決定法

本パートでは、CXO チームのメンバーの探し方と採用の決定方法について解説します。スタートアップにとって、よい CXO チームのメンバーを採用することは、資金調達と同様に最大の課題です。CEO は、目的を達成するために自分より優秀な行動ができる人材を集めることを常に心がけ、頼りになるプロ集団をつくりましょう。

■ 必要なのはビジョンを共有する即戦力となる人

　世の中にはこんなにも大勢の人がいるのに、なかなか自分の思い描く人材に巡り合えていないという人も少なくありません。単に高額な給与に惹かれてくるサラリーマンはCXOチームには必要なく、重要なのは、1.ビジョンを共有できて、次に2.即戦力になる人です。実はこの2つの条件がさらに人探しのハードルを上げてしまいますが、時間を持て余す人や二流のスキルを持つ人を採用してはいけません。

　それでは、どんなところにCXO候補者がいるか、どうすればCXO候補者と出会えるかお話しします。大まかに11の例を順に説明します。

1. リクルーターによるピンポイントサーチ
2. アクセラレーターの仲間から直接・間接に探す
3. SNSを利用した幅広いサーチ
4. 取締役会の推奨候補から選ぶ
5. 自社の社員のピンポイント紹介
6. 各種ネットワークの活用
7. 大学・短大・専門学校のOB会
8. カフェ・レストランでの出会い
9. 銀行・金融機関・コンサルタントからの紹介
10. インキュベーターの活用
11. リストラしている会社から探す

1. リクルーターによるピンポイントサーチ

　リクルーターには2種類あります。1つ目は、最初から希望するCXO候補者が見つかるまで責任を持って探すという条件のもとに契約する方式（独占契約）です。採用する側も、CXO候補者に適任する人が見つかったら必ず採用するというのが前提です。

　この場合の契約金は多くの場合、年収の35%〜40%程度で、支払い条件は契約時1/3、候補者が見つかった時1/3、採用決定時1/3といった契約内容になるケースが多いです。採用後1〜2カ月の間に何かしら問題が発生した場合には、別のCXO候補者を無条件で探してくれるという、いわば保証条件なども契約内容に付け加えるのが通常です。この場合、会社が契約金を払える状態でないと採用を依頼できないので、多くのスタートアップは利用できないというのが最大の難点です。

　2つ目は、希望するCXO候補者のジョブスペックシートをリクルーターに渡せば、とにかく何人かのC候XO候補者を探し始めてくれる方式です。すべては採用する側の自己責任で、リクルーターは一切保証はしないケースもあります。その場合は、CXO候補者を採用決定した後に15%〜25%の手数料をリクルーターに払うことが多いです。

　シリコンバレーでは、スタートアップはこのリクルーターを使う方法でCXO候補者を採用するケースが多いです。採用に至らなかったケースでは支払いは発生しませんが、明確な理由なく採用を断ると、その後の人材採用に悪い影響を与えるので十分な注意と準備が必要です。

2. アクセラレーターの仲間から直接・間接に探す

　アクセラレーター（少額投資をする組織）が主催するイベントなどにビジネスプランを書いて応募を試みるという方法もCXO候補者を探すよい方法です。首尾よくアクセラレーターの試験にパスして受け入れられると、ビジネス経験豊かで幅広いネットワークを持ったメンターが紹介されて、一気にビジネス展開が進みます。ネットワークが幅広いアクセラレーターの協力を中心にして、創業者も含めてCXO候補者が探せます。

　最大の難関は最初にアクセラレーターに受け入れられるか否かです。このハードルが非常に高くて難しいのですが、よいアクセラレーターと組めれば、確実にデスバレーを渡れる確率は高まるので挑戦したほうがよいです。

　シリコンバレーではアクセラレーターに採用されると、密度の濃いワークショップやビジネスセミナーが行われ、参加するように促されます。そういう場でさまざまな人と親しくなり、またアクセラレーターたちの人脈を使ってジョブスペックシートに合った人を紹介してもらえる機会があります。

3. SNSを利用した幅広いサーチ

　例えばLinkedInというSNS（ソーシャルネットワークサービス）ツールは、リクルートするツールとして世界中で利用されています。このサイトでは、CXO候補者だけではなくリクルーターも有料の契約で会員になっているので、特別ルートで情報が一同に集められます。ネット上ですべてSNS利用者（＝リクルートする対象）の経験や経歴を見ることができるので、一旦CXO候補者が見つかれば直接メールでコンタクトできるのが最大の利点です。同様に、Facebookなども、広く有効に利用できるので、これらを通じてCXO候補者を探すことができます。

4. 取締役会の推奨候補者から選ぶ

　身近なネットワークといえば、自社の役員です。取締役やアドバイザーに依頼して探してもらうという方法です。信頼ができて、いつでも相談に応じてくれる取締役会のメンバーやアドバイザーを最初から選んでおいて、CXO候補者の紹介を依頼する進め方は信頼性も高く着実で賢明な方法と言えます。しかし、あくまで採用の採否の責任はCEOにあることには変わりません。したがって推薦を鵜呑みにせず、CEOは自ら判断して決めるという原則を忘れないことです。少しでも心配事があれば、他の信頼できる人にも会ってもらい、セカンドオピニオンを聞くことも有効です。

5. 自社の社員の推奨

　初期のスタートアップは社員数も少ない中で、パートタイマーも含めて自社の社員にCXOチームにふさわしいCXO候補者を一緒に探してもらうことも賢明な方法の一つです。

　当然、CXO候補者が見つかり採用された時点で、報酬を自社の探し出した社員に支払います。資金に余裕があれば現金で支払うのがよいですが、場合によってはストックオプションを出すやり方もあります。

　このケースで気をつけることは、推薦者と非常に近い関係、例えば家族、親族、非常に親しい友人などがCXO候補者に現れたときです。後で社内に派閥が生まれやすくなるので、できる限り社員の家族たちの採用は避けるのが賢明です。しかも、その派閥の原因は報酬をあまりに増やしすぎることにあり、この種の問題が起こりやすくなります。

　基本的に創業者の近親者をCXOチームに入れることは、よほどのことがない限り避けるべきで、場合によっては社員規則で明確に禁止しているところもあります。かなり注意をしたほうがよいでしょう。

6. 各種ネットワーキングの活用

　私たちの身の回りでも、いろいろな集まりを容易に探すことができます。各種セミナー、学会、同窓会、趣味の会、隣近所の会合などです。これらの集まりの人の中には、必ず一人でも広いネットワークを持っている人がいます。まずは、その集まりからキーパーソンとなる人を探し当て、ジョブスペックシートを渡してCXO候補者探しに協力してもらうことです。

　特に、学会やビジネスセミナーでは同じ分野の人が集まるので、CXO候補者を探し出せる確率は高いです。このような専門家の集まりでは、直接CXO候補者と巡り合えるかもしれません。そのCXO候補者の人柄や技量をそれとなく会話から聞き出す絶好のチャンスです。さらにラッキーならCXO候補者の知識や力量がわかる論文なども入手できる場合があるので、ある程度客観的なデータも手に入ります。このようなチャンスは日ごろから心がけていれば大いに活用できます。

7．大学・短大・専門学校のOB会

　大学には優秀なエンジニアの卵が数多くいます。特にドクターやポスドクなどは自分の専門分野を持つので、もしスタートアップの事業分野と彼や彼女の専門が近ければ、かなりピンポイントで最適なCXO候補者を探すことができます。問題は、彼や彼女が卒業まで退学できないことや、大企業志向でスタートアップで働く意欲がないことが多いことです。

　いろいろな手だてをして、どこの大学にどんな研究分野があるかを調べて、その研究室からCXO候補者を採用するか、就職部経由でアプローチするのもよいでしょう。この場合、国内の大学の就職部も有名企業を優先して学生に紹介したいという思いがあり、スタートアップからの募集には冷淡に感じるかもしれません。その点、海外の大学ではこの問題は比較的前向きに回避できます。

　また、短大、夜間学部、専門学校からも探してみるのもよいでしょう。その中には少数ですが、並外れた意外な才能はあるけれども、諸般の事情で大学に進学しなかったという人もいます。その意味でも、これらの人材の集まるところへ当たってみる価値は十分あります。

　もう一つ有効と思われるのは、日本にいる海外からの留学生をリクルートすることです。多くの場合、彼や彼女はよく勉強をして努力もしています。日本に興味があり大学卒業後も国内に残りたいと希望している人が多いのですが、日本企業が外国人や留学生をあまり採用していない傾向からすると、スタートアップにとって格好のCXO候補者です。留学生の世話をしている団体を探してみるのもよいでしょう。

8. カフェ・レストランでの出会い

　日本国内ではあまり考えられない情景ですが、シリコンバレーではカフェやレストランにスタートアップやエコシステムに関わる人たちが多数集まります。早朝、夕方以降、あるいはランチタイムなどに集まって新しいビジネスの構想やビジネスプランの相談をします。

　例えば、シリコンバレーでカフェやレストランにてCXO候補者を見つける場合、Palo AltoやMountain ViewなどにあるVCが集まるといわれるレストランへ知り合いを経由して出かけてみるのもよいでしょう。しかし、この方法はやはりシリコンバレーに長く住んでいる人でないと事情がわかりにくいので、まずはそのような知り合いに尋ねてみるのがよいと思います。いずれにしても、かなりハイレベルの経験とスキルが必要となります。

　CXO候補者を探すには、現在どんな職場で働いていて、なぜ転職してスタートアップに参加したいのか、なぜ日本のスタートアップに関心があり、違う風土でどこまで一緒にやれるか、といったデリケートですが必ず聞いておかないといけない質問をする必要があります。特に、家族構成という正規面接では聞いてはいけない質問をそれとなく聞き出すことや、今の給与レベルをそれとなく聞き出すことなど、面接ではハイレベルのコミュニケーション能力とヒアリングするテクニックがカギを握ります。

9. 銀行・金融機関・コンサルタントからの紹介

　銀行や金融機関に関わる人たちもいろいろな顧客層とのコンタクトがあり、広いネットワークを持っているので、依頼して探してもらうのも一つの方法です。行員はどの業種が景気がよいとか、どんな会社では人が集まっているとか、産業界の中での情報を持っている人も大勢いるので、情報源になります。

　しかし、日本の金融機関は一般的に大変保守的なので、いきなりスタートアップしようとしていて人材を探しているとその担当者に聞いても、協力してくれるかどうかわかりません。逆にネガティブな印象を与えることもあるので、金融機関に信頼のある知り合いを介して、CXO候補者を探す依頼をするのが賢明です。

　コンサルタントも同様に幅広い自分の専門分野の垣根を越えて他の専門家とのネットワークを持っています。しかし、コンサルタントは雇用されている行員とは違い、コンサルタント料として人材紹介アドバイスを行っている場合もあるので、相談するときは費用面を先に確認するようにしましょう。

10. インキュベーターの活用

　日本でも最近は多くのインキュベーター（創業支援施設）が各市町村レベルまで数多くあります。インキュベーターでは、当然ながら多くのスタートアップが利用しています。このようなスタートアップが集まる場所で人材を探すというのは逆説的に聞こえますが、会社の中には経営が行き詰まっているところもあるので、場合によっては、その会社から人材をスカウトすると考えれば、人材の宝庫とも言えるでしょう。

　もちろん、これには細心の注意が必要なことは十分理解しておく必要があります。一歩間違えれば人材の引き抜きなどのトラブルに巻き込まれる恐れもあります。しかし、シリコンバレーでは、ヘッドハンターもインキュベーターに目をつけて、よい人材がいるかとスカウトすることは日常茶飯事です。文字どおり引き抜きのハンティングをしているのです。

11. リストラしている会社から探す

　昨今は日本国内の大手企業でもかなり大きなリストラを行うこともめずらしくありません。このような会社の中にはよい人材が含まれるケースもあるので、このようなところからよいCXO候補者を探すのも方法です。しかし、この場合、気をつけなければいけないのは、スタートアップと大企業の体質の違いです。

　大企業で働いてきた人は、確かに優秀な人が多いけれど、逆に職歴はその経験しかなく、できあがった組織の中だけでしか活動できないという人が非常に多いという点です。給料は保証されていて、これは誰か他の人に頼めばよいとか、これは秘書の仕事と考えて自分一人では仕事をこなせない人も多いのが現実です。大企業しか経験したことのない人は、基本的にはスタートアップには向かないと考えた方が賢明かもしれませんが、スカウトするときは、その点に気をつけてよりよい人を見つけ出す必要があります。

　むしろ転職して規模の小さな会社で働いた経験があり、その上、技術が優れている人やマネジメントの経験がある人は、よいCXO候補者になり得ます。リストラをしている会社に知人がいれば、情報が聞きやすいですが、一般的にそのようなネガティブな情報は入手しにくいので、このような場合はプロのリクルーターに依頼して情報をつかむのが早くて事情もわかりやすいです。

■ 人材を探すエコシステム

　さて、ここまではいろいろな人材を探す方法をお話ししましたが、やはりスタートアップが CXO チームに適材する人を探すのは、一筋縄ではないということを肝に銘じておくことです。これは日本国内に限ったことではありません。シリコンバレーでもそう簡単ではないということです。だからこそよい人材を探すためのエコシステムがシリコンバレーでは発展し、これまでお話しした 11 の例がとてもよく機能しています。

　スタートアップはよい CXO メンバーを採用できるか否かで、将来の発展性が大きく異なります。だからこそ、誰でもよいというわけにはいかず、CXO 候補者を探すのは大変難しいのです。最大の努力を払うのは当然のことです。そして、もしあなたが CEO であるならなおさら、「自分よりも能力が高く役割に適材する人材を採用する」という基本原則を守ることが、その後の成功を左右します。自分の分身として、伝えたことだけを手際よくこなし、言うとおりのことをやってくれる片腕というのは、しょせん「イエスマン」となり、会社の発展を阻害する要因になりますが、現実にはイエスマンが近くにいてくれると楽だと感じるのが人間の弱みです。

■ CXO 候補者の採用ステップ

　では、幸いにして、もしよい CXO 候補者が現れたらどんなステップで採用を決めていけばよいのか、一般的にシリコンバレーで行われている採用ステップをお話しします。日本国内で実施しているやり方と大きく異なるかもしれませんが、今後もしあなたがシリコンバレーやその他の国で採用するのであれば、そのときにきっと役立つ知識です。

採用ステップ①　1対1でインタビューする

　CXO候補者の採用にあたり、少なくとも会社の幹部全員が会ってインタビューします。その場合、1対1で会うのが好ましいです。複数で会うと、特定の人との会話が中心になってしまい、全員がじっくり観察できなくなるからです。他の人に気兼ねなく1対1でじっくり話を聞くことがスタートアップの人材採用の基本です。会議室では本性が見えにくく本音がわからない場合もあるので、カフェやバーに誘ってインタビューすることも手段としてあります。

採用ステップ②　採用条件はCEOが決める

　この採用条件とは、主に給与、ストックオプションなどの報酬に関する条件などです。採用条件は雇用する側、雇用される側の両者にとって一番重要なので、CEOがCXO候補者と直接話すべきです。そうすることで、入社後に「他の幹部からこう言われたので入社を決めたが実際には違う」といったトラブルが避けられます。CEOは採用条件の決定権を持ち、その内容を他人に知られないように機密にして、CEOとCXO候補者間で取り決めます。後日、すべて明確に書面化し契約書にサインして互いに保管します。

採用ステップ③　採用前にすべてのしこりをなくしておく

　次に、インタビューに関係したCXOで集まり、お互いの忌憚のないCXO候補者に対する感想を述べ合い、必要なら再度CXO候補者と会って気になる点を確認します。この時点で誰か一人でもネガティブな印象を持つのであれば、お互い率直に意見交換して、すべてしこりが残らないように進めるのがCEOの役割です。仲良しクラブをつくるわけではないので、なぜネガティブな意見が出るのか、徹底的に既存の各CXOにヒアリングしてみてください。この時点ではCXO候補者はまだ社外の他人なので、率直な意見や感想を述べ合うことができますが、一旦CXOチームや社員になれば、一切ネガティブなコメントを言わないことです。

採用ステップ④　断るときは早く丁寧に

　もしCXO候補者の採用を断る場合には、失礼にあたらないように丁重に理由を説明して、できるだけ早く連絡することが必要です。「あなたの能力はすばらしいが、今の当社の資金事情ではあなたの希望する条件では採用できない」や、「専門分野やこれまでの経験が当社が望むものと異なり、求めている人材のスペックと合わない」、または「後日機会があればぜひその時点で再考してほしい」という言い回しで、決して悪い印象を与えないことが重要です。まれに採用を断ったCXO候補者の中には、「あの会社はけしからん！」などと、悪い印象を与える噂を広げてしまう場合もなきにしもあらずです。断るのにあまり時間を置くと相手はまだ採用を考えていてくれると期待するので、すぐ断りの連絡をするのが不採用通知の鉄則です。

採用ステップ⑤　1回目で決めてしまわない

　一度の面接でCXO候補者の採用を決めないことです。複数回の面談を行うことで、より正しい情報が入手でき、お互いの気心もわかり合えた後に入社して仕事を始めるとスムーズにいく場合が多いからです。急いではいるけれどもエイヤーと1回目のインタビューで決めてしまわないことです。2回目のインタビューまでに、「この人を知っている？どんな感じ人？」とそのCXO候補者の関係する人たちに尋ねると、意外にこのスタートアップ業界も広いようで狭いので、もしかすると第三者評価を得られる場合もあります。

採用ステップ⑥　採用するなら速やかに

　CXO候補者の採用が社内で決定したら、人事担当者（いなければCEO）が、給与やボーナス、その他詳細な条件や入社日など、もし必要なら机などの勤務オフィスの場所などを案内して、必ず書面化した同意書や契約書にCXO候補者とCEOの両者がサインします。できるだけ速やかに事務処理し、CXO候補者がよりよい条件を提示してくる他社へ心変わりしてしまわないようにします。シリコンバレーでは、CXO候補者も常に他の面接を受けているケースが多く、当然一番条件のよいところを探しています。「いつ頃採用の返事が出せる」とCXO候補者に示しておくことが重要です。最後の段階で再び条件交渉というケースも多くあります。

PART
4

スタートアップのための
CXO

チームとデスバレーを渡ろう！

本パートでは、CXOチームとデスバレーを渡るために具体的な7つのステップに分けて、お話しします。コツをつかむまで何度も試して、本書を見なくても7つのステップを実行できるようになるまで、訓練してみてください。それではさっそく始めてみましょう。

CXOチームとデスバレーを渡ろう！

■ これがデスバレーを渡るための7ステップです。

 ネットワーキングを普段からこまめに行う

 CXO候補者とビジョンを共有、不足点を議論する

 CXO候補者を採用（内諾）して会社設立する

 商品開発ロードマップをつくる

 資金調達のためにビジネスプランを完成させる

 デモを準備して顧客訪問と同時に資金調達を始める

 条件交渉をして合意の上クロージングする

デスバレーを渡りシリーズAへ着地！さあ次は山へ登ろう！

ステップ① ネットワーキングを普段からこまめに行う

1-1 地道に一人ずつ会っていく

　ステップ①は、ネットワーキングを普段から行うことから始めます。地味な活動ですが、これがよいCXOチームをつくる基盤となります。ネットワーキングに近道はありません。地道に一人ずつ会っていきます。本書では「よいチーム」とは、目的を実行し達成するためにそれぞれの役割を担う最適に機能する人材の集まりだと一貫してお話ししてきました。各役割の人というのは、つまりはさまざまな分野に長けた人のことです。

　その一人ひとりと、まだ何のプロジェクトの話もしていないまっさらな状態で、人となりを知り、信頼関係や人間性、仕事ぶりや第三者の評判なども聞きながら「こんな人がいる」というレベルでよいので、「いつかは協業する可能性がある人」と思いながら、CXO候補者として頭の隅に入れておきます。

　いざ何かのプロジェクトが始まってからCXO候補者を探し始めると具体性はありますが、ビジョンに賛同して現れたのか、もしくはその資金調達したビジネスに興味があるのか、どうしてその人たちがビジネスに賛同したいのか、CXO候補者の本心や企みがわからなくなってしまいます。普段から会合で一気に名刺交換して大勢と知り合うのもよいですが、じっくり一人ずつ会っていくことが、このシードステージやアーリーステージでは重要であり、今はわからなくてもきっとそうしてよかったと時間が経過するとわかるようになります。

1-2 学会・研究会・勉強会・交流会に参加する

各ネットワーキング先のメリットとデメリットを知っておきましょう。

	メリット	デメリット
学会	言わばプロの集まりです。ジョブスペックが明確であればこのような場所ではCXO候補者を探し出せる確率は高いです。特にグローバ展開に対応でき材を探そうとすると著名な国際会議などではチャンスは高くなります。	誰でも参加できるというわけではないので、その学会の会員になっていることなど参加資格が限定されます。参加費が高額な場合もあります。また自分の都合で探したいときにちょうどそのような学会なり、会議が開かれるとは限らないので、ある程度時間をかけて機会を見つけることになります。
研究会	学会と似た条件ですが、研究会の場合にはさらに分野が絞られてくるので、参加者がCXO候補者と近い専門分野ならリクルートの機会は学会よりもピンポイントにあります。	学会と共通するところがあり、参加する分野が絞られるので、少し広い範囲からCXO候補者を探したい場合には逆に絞られすぎてしまいます。
勉強会	勉強会という集会では1回ではなく何回か連続して会が催されるので、お互いに親しくなれるので個々の人物の性格や能力を判断しやすくなります。またスカウトしたい場合は、何回も会って説得しやすくなります。	ただ勉強しているだけという行動できない人も中にはいるので、どれくらいCXO候補者として実践に適任であるかその場だけでは判断できません。
交流会	この種のネットワーキングは一番参加しやすく、催される頻度も非常に多いので好都合です。何を目的にしたネットワークかを考えて参加するのが好ましいです。	誰でも参加できるというメリットと同時に期待しているCXO候補者がこの場にいるという機会は少ないです。何回参加しても誰も探せない場合もあるのでピンポイントで探せません。

ステップ② CXO候補者とビジョンを共有、不足点を議論する

2-1 ビジョンを共有すると候補者かどうかすぐわかる

　いよいよ具体的にこれでスタートアップすると決めたら、必ず誰とCXOチームを組むのが成功率を高めるかという発想で、CXO候補者を集め始めます。これまでこまめに出会ってきたネットワークの中から、「この人となら」というCXO候補者に目星をつけておき、また骨の折れる仕事ですが、CXOになって参画してもらえるか一人ずつ会って探ります。CXO候補者は、後に共同発起人や創業者のパートナーとして、経営陣として参画する運命共同体となるので、能力やスペックを確認することも重要ですが、何よりも大切なことは、同じ目線でビジョンを共有できるか、深い部分で共有できるか、つまり同じ夢を見ることができるか、それを確認し合うことです。

　人の信頼関係は、すぐには深まりません。時間をかけて築いていきます。「この人と運命共同体として共にスタートアップの準備を始めてよいものか」それを早く見極めることがCXO候補者を決める第一歩です。それがビジョンを共有することで、すぐにCXO候補者かどうかわかります。一度や二度会っただけではビジョンは共有できません。根気強く互いに惹かれあいながら、徹底的にビジョンを共有できそうか、できているか見極めます。この点は絶対に妥協することなく、自分をさらけ出して「この人となら」と思えるまで話し合います。結果、共有できない人も中にはいますが、早めに互いの目指すところが違うということがわかってラッキーだったと思い、次を当たります。ある程度時間がかかってもよいので、能力やスペック以上に重要となる、夢に向かって同じ船に乗る人かどうかを確かめることが重要です。

2-2　CXOのポジションを決める

　次にあなたとそのCXO候補者が、どのポジションに就くか話し合い、決めます。例えば、あなたがCEOとしての要素があるなら、そのCXO候補者はCTO、VPM、VPEのポジションに就く人が望ましいです。もしあなたがCTOなら、CXO候補者はCEO、VPM、VPEが望ましいです。

　しかし、現実はそうは簡単な話し合いだけで「あなたがCTOね」というわけにはいきません。あなたとCXO候補者がビジョンを共有する創業者として、どちらかCEOとして適性のある方が就き、そのCXO候補者がCTOとして適性があればCTOに着任します。もしいずれも、どのCXOにも適性がないのであれば、創業者に留まり、新たにCXOチームを採用するくらいに適性を見極めてポジションを決める必要があります。

　どんな人材がそのCXOチームとそのビジョンに必要か、それにはまず自分の立ち位置を明確にすることです。

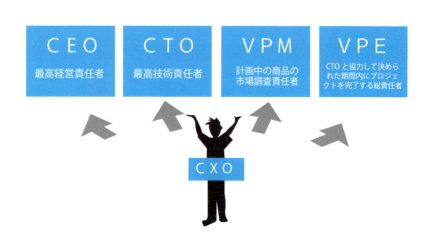

ステップ③　CXO候補者を採用（内諾）して会社設立する

3-1　CXOチームを頭の中でイメージする

　さて、あなたはどのCXO候補者としての要素がありましたか？　それでは、これから具体的にCXOチームビルディングを始めていきましょう。まず第1段階としてCXOチームを頭の中で各メンバーの相互関係をイメージします。

　下図をご覧ください。このイメージする最大の目的は、あなたのチームのCEO（あなた自身かもしれませんが）が、描くビジョンを現実のものにするために、誰がどんなCXO候補者が集まればよいか、誰がどのような役割と責任を果たせばよいか、全体のバランスを見ながらチームビルディングを行う感覚を身につけます。

　スタートアップを繰り返し、CEOとしてCXOチーム編成を経験するにつれて、人に出会う度に「この人はあのCXO候補者になりそうだ」と今抜けているCXO候補者になりそうかどうかというリクルーターとしての感覚が芽生えてきます。

3-2 CXOの誰が不在かをはっきりさせる

　さて、CXOチームを頭の中でイメージできましたか？　多くの人は、自分のポジションがCEOかCTOなどいずれかに決めて枠に書き込み始めますが、その他のCXO候補者が誰もいないという人も少なくありません。空欄のポジションに前職の部下をCXO候補者に考える人もいますが、結局自分の専門性とかぶってしまい、各CXO候補者としては迎えられないことも大いにあります。なかには、今からスタートアップしようと仲間がすでに4名いるという人もいましたが、全員が同じ技術部出身であり、CTOは4人もいらないので、結局空欄のポジションのままになる人もいます。

　CXOチーム全員が一堂にパシッと揃ってスタートアップするのが理想的ですが、望む人材には、さまざまな理由で現職を辞められずにいる人もいます。求めるレベルに合った人を探しながらもデスバレーを渡る準備を始めなければいけない矛盾の中でCXOチームビルディングを行うところが、難しい局面とも言えます。

　CXOチームのいずれかのポジションは空欄であると考えると、まずあなたがCEOならすべきことは、最適なCXO候補者をリクルートしてくることが今一番にやらなければいけない最大の役割となります。それにはまず、あなたがどんなCXO候補者を求めているか、その人の役職と役割と責任について、リストに書き出してみることです。これをジョブスペックシートと呼びます。

3-3 ジョブスペックシートは具体的に書く

＜自分の考えているスタートアップに仲間を誘うという場合＞

　スタートアップする人の多くは、口頭で延々と熱弁をふるうことが得意です。しかし、聞いている方は面白そうだと感じていても、趣味のクラブならともかく、今の仕事を捨ててまでも CXO チームに加わり新天地を目指そうという気持ちまでは踏ん切れません。

　CXO 候補者へ熱弁するにしても、何が実証されていて、何が未確認のリスクとして残っており、そこをこんな手法で乗り越えていく、その先のリスクはこのようなやり方を考えていると、それを突破するにはあなたのような専門を持つ人がこの役割を担ってほしいと納得できるストーリーが重要です。

　そのストーリーを明確に書面化したものが「この作戦にこういう CXO を探しています」という具体的な人物像を描いたのがジョブスペックシートです。そのジョブスペックシートを共有しながら、あなた（CEO）が求める CXO 候補者が担う役割と責任を具体的に説明して、互いに理解を深めます。

3-4 普段からのネットワーキングが物を言う

　CEOの最大の仕事は、資金調達とCXO候補者探しです。CEOは普段からアンテナを張りネットワーキングを積極的に行います。友人や知人を経由してCXO候補者を紹介してもらうことも一つの手段です。ビジョンを共有できそうな仲間をその友人や知人が直接知っていれば、人となりがわかりやすいので好都合です。

　ほかにも、その業界の人たちが集まるシンポジウムを企画している人経由で、当日のゲストスピーカーに紹介してもらう依頼をするのもよいでしょう。このような場面のために、ジョブスペックシートを常に持ち歩き「こんなCXO候補者を探している」と言って、CXO候補者とネットワークがありそうな人にそのジョブスペックシートを見せたり、手渡ししたりすることも効果的です。

　ずばり、同業種のシンポジウムで、CXO候補者が見つかれば大変ラッキーなことですが、そのときは直接面会のアポイントを取って交渉の糸口をつかみ、別の機会を設けてじっくり話を聞いてもらった上で交渉に臨むのがよいです。少なくとも数回は会った上で具体的な話ができるようになるわけなので、かなり時間はかかると考慮しておくことが必要です。その意味で機会を増やすためにも、日頃からネットワーキングには時間をかけて人脈を広げておく努力が必要です。

3-5 給与やストックオプションを交渉材料にする

　場合によっては、リクルーターを使うという手段もありますが、お金がかかるので、資金調達の目処がついてからこの方法を選びます。普段からのネットワーキングから可能性のあるCXO候補者に運よく巡り合えれば、ここからようやく条件交渉が始まります。すでに手元の資金調達ができていて銀行口座に現金がある場合は別ですが、多くのスタートアップではそこまでことが進んでいません。

　このような場合にはCXO候補者に事情を説明して、まずはパートタイムで仕事を始めてもらうのがよいでしょう。その代償として、ストックオプションをCXO候補者に渡すケースもあります。ストックオプションを使う方法は双方にメリットがありますが、将来的にもその人が必要になるからつなぎとめるためにストックオプションを使うというのが望ましいです。誰かれかまわず発行するのは後々にトラブルの火種となります。

　採用する側から見れば、パートタイマーのときにCXO候補者の能力がどのくらいかという判断ができて、その人のスタートアップにかける情熱も見てすぐにわかります。CXO候補者にとってもどんなスタートアップになるのか、本当に成長できそうか互いに判断できます。

ステップ④　商品開発ロードマップをつくる

4-1　簡単に、安く、早く商品イメージを明確にデモする

　デスバレーを渡りながら商品開発ロードマップをつくるにはいくつか重要な点があります。スタートアップは活動資金がほとんどない状態から始まるので、商品開発ロードマップを描くときは、できるだけ簡単に、安く、早くつくれる方法を考えることが重要です。

　この商品開発ロードマップをつくる目的は、開発にかかる時間、資金（含む人件費）、それと期間を明確にすることです。スタートアップの場合、デスバレーという収入がない状態が問題なので、開発期間が延びることはそのまま銀行の口座から現金がなくなっていくことに直結しています。

　この商品開発ロードマップは、投資家や顧客やユーザーに製品やサービスの内容を理解してもらい、よいフィードバックを得ることが最大の目的です。一番よい方法はコンセプトができてからは、簡単に、安く、早くデモを仕上げることが大切です。

　よく知られている事例は、Dropbox（クラウド型ファイル管理共有アプリ）が、Youtube（動画投稿ウェブサイト）を使ってコンセプトデモを投資家に見せて、資金調達を達成したことです。大いに工夫して知恵を出して簡単に、安く、早く商品イメージを明確にデモすることを心がけることが大切です。

| ステップ⑤ | 資金調達のためにビジネスプランを完成させる |

5-1 ステップ⑤はさらに9つのステップでシナリオをつくる

　私たちはこのシナリオのつくり方を9つのステップで説明していきますが、さらにざっくり言うと、

はじめにエグジットを設定する

▼

それに向けていくつかの資金調達のシリーズがあるので、それらのシリーズごとにいったい、どのくらいの資金（トータル）が必要かを明確にする

▼

最終的に数字を9つのステップのとおりに詰める

　このステップ⑤は、さらに9つのステップに分かれます。しかも、他のステップ①〜④、⑥、⑦のステップのような角度ではなく、この9つのステップは激しく急な角度の段で、このステップ⑤を登り切れない人も大勢います。だからこそ、本書もみなさんがステップ⑤を登りやすいように細かく9つに分けました。

ステップ⑤
＝
9つのステップ

5-2 ステップ5が一番険しいステップ

　ステップ⑤が一番険しいステップですが、9つに分かれた1つずつのステップを着実にクリアできた先に、投資を受けられる道が広がります。その9つのステップとは、以下のとおりです。

[投資家との交渉を始めるまでの9つのステップ]

1. エグジット時点での売上規模を想定する
2. エグジット時点での会社の売上目標をもとに時価総額（株価×株数）を推定する
3. エグジット時の売上規模をもとに社員数、諸経費を推定する
4. エグジット時点から逆算してP/L（損益計算書）、B/S（賃借対照表）、C/F（現金収支）を計算する
5. 計画実行に必要なマイルストーンの項目を書き出す
6. マイルストーンに合わせて持ち株比率（株価設定）も想定する
7. 資金調達時期と戦略を時間軸上に書き込んだ計画を立てる
8. 資金計画書は専門家に依頼して投資家の精査に堪えるものにする
9. 一枚紙のエグゼクティブサマリーをつくる

ステップ⑤の

ステップ(1)　エグジット時点での売上規模を想定する

　ステップ⑤のステップ(1)が実は最も難しいかもしれません。エグジット時点での売上規模というゴールを推定することです。これは慣れなければなかなかイメージできず考えにくいです。しかし投資家の立場からすると寄付をするわけではなく、投資はきちんとした合法的手段に則って投資回収するのが投資家のビジネスです。投資家に投資を依頼する以上、まずエグジットを示すことから話は始まるのは当然のことです。

　売上規模を考える上で、多くの場合、市場規模が考える基礎になります。例えば、仮に1,000億円規模の市場として、既存の商品（製品やサービスなど）と、性能、価格、使いやすさといった競争力を考慮して、競合他社からどの程度のシェアを獲得できるのかを推定します。類似する競合企業の成功例を参考に推定してみるものよいでしょう。

　仮に、5年後に15%の市場獲得を狙うとすれば、売上は150億円になります。まずはビジネスのデザイナーとなり、大きなキャンバスに思い切ったスケッチを描いてみて、感覚的に全体をつかんでおくことがこの時点では重要です。このようにしてエグジット時点のおおまかな売上規模を把握します。

ステップ⑤の ステップ(2) エグジット時点での会社の売上目標をもとに時価総額（株価×株数）を推定する

　さて、ステップ(1)で売上規模がおおまかにでも把握できれば、次に会社の時価総額を推定します。会社の評価額を決める方法はいろいろとありますが、例えばエグジットを当初からM&A（事業売却）と想定するのであれば、類似企業の数件のM&Aの売買金額などを参考に推定するのが一般的な方法です。

　買収しそうな会社名を具体的にリストにして買収金額を調べてみると、ある程度の評価額について情報が得られます。スタートアップの場合、手持ちの現金収支の状況が価値を大きく左右します。

　多くの場合、この時価総額を算出するという合理的な理論は成立しないことが多いです。つまり売り手と買い手がいて、その2社間の交渉次第なので、売り手が資金を持ち、しかも買い手が複数ある場合には売り手は一番条件のよいところを選んで交渉するものです。そうなると、その時の金額は買い手にとって目的を達成できればそれでよいと考えます。

　旬の食べ物が高く売れるのと同じで、その時点で旬のビジネスを行っていたらそれだけプレミアがつくという経済論理です。理屈（会計基準）ではなく、比較的類似の会社が最近いくらで買収されたかというのが相場を決めることになります。

ステップ(3)　エグジット時の売上規模から社員数、諸経費を推定する

　ステップ(3)もステップ(1)に引き続き、エグジット時点からさかのぼり最初の収入が入る時期、損益分岐点のタイミングなどを考え、5年間の売上規模や社員数を推定します。このときあまり理屈っぽくならないことです。仮にこの時点で数字を詰めても、社員数や諸経費などの数字は正確に出てこないので前向きに話が進みません。これらを計算するときは、類似する競合他社のデータは参考になります。そして、その会社の規模や従業員数から、1人当たりの売上規模を出して推定値を考えていきます。

　そして、その推定値の数字をもとにして、「では、エグジットする5年目でこのくらいの社員で、これだけの売上になっているから、そこから逆算して、3年目、2年目、現在はこのくらいの社員でこれだけの売上になっていないと5年目までに目標達成できないぞ！」と逆算して、数字をイメージしていきます。

　こうして、このマイルストーンを達成するためにはどんな組織になっているべきか、必要な組織図についても「4年目から逆算して、現在はどうだろう」と考えてみるのです。そして、社員数、オフィススペースなどの諸経費から毎月の人件費や管理費を推定してみます。これをバーンレート（Burn Rate）と言います。より詳細な数字は次に説明していきます。

ステップ(4) 損益計算書（P/L）、賃借対照表（B/S）現金収支（C/F）を逆算する

　ここまでは大雑把に数字を考えるとお話ししてきましたが、ステップ(4)からは今までの一連の数字をまとめるために、損益計算書(P/L, Profit and Loss Statement)、賃借対照表(B/S, Balance Sheet)、現金収支(C/F, Cash Flow Statement)を逆算して、より詳細な計画案をつくります。CEOはビジネス的なマイルストーンを描き、それをもとに会計士等の専門家に相談して具体化するのが賢明です。

　このとき、一番重要となるのが現金収支です。スタートアップは現金の有無が生死を分けると言っても過言ではないほどで、どの時点で、どれだけ現金が手に入るか、はたまた出ていくのか、それらに細心の注意を払って推定しなければなりません。

　この段階では細心の注意を払いつつも、数字づくりではあまり細部にこだわらず、大きな項目だけは抜け落ちがないようにつくることが大切です。何度も言いますが、CEOはビジネスのデザイナーになり大きなスケッチを描くことが重要です。

ステップ (5) 計画実行に必要なマイルストーンの項目を書き出す

　さて、具体的にマイルストーンを設定する上でいくつかの必要な項目を書き出し、後のステップ (7) で資金調達時期と戦略を時間軸上に書き込んだ計画を立てていきますが、例えば以下のような項目が初期のころのマイルストーンの必要項目となります。

- シードマネーを集めるタイミングと金額
- 会社のキーパーソン (CXO) の参加するタイミング
- 最初の試作デモの完成（α版）
- 最初の顧客やユーザーを獲得するタイミング
- 評価用サンプル商品の完成するタイミング（β版）
- シリーズ A の調達金額とタイミング
- 製品やサービスの商品リリース時期の確定
- 損益分岐点の予測

　そのほか、考えられるマイルストーンを列記して全体像をつかむようにします。

　以上のような方法が、事業の開始からエグジットまでの全体像の設計（Design）です。これらを時間軸上に描画して、資金状況を分析し資金調達のタイミングを決めていきます。

ステップ⑤の

ステップ(6) マイルストーンに合わせて持ち株比率を想定する

　ステップ(5)と並行して考えておくべき重要なことが会社の株式構成です。創業者株とISO（Incentive stock option）は普通株です。そのほか、外部からの投資株（シリーズA、Bなど）は優先株として創業者株の普通株と区別しておきます。シードマネーも普通株ですが、株価はこの時点では評価しにくいのでシリコンバレーでは多くの場合、コンバーティブル・ローン（＊1）という考え方が使われます。この時点での評価額等については経験ある弁護士に相談するのが賢明です。

　＊1：コンバーティブル・ローン（Convertible loan）とは、非常に初期のシードマネーの段階では、株価が不確定要素が多く決められないことが多いので、この段階で出資に応じてもらったエンジェル投資などを次の本格的な投資（シリーズA)の段階まで、投資資金は株に変換しないでローン（融資）にして、借りたことにしておくお金のことです。この間は、高い利率で利子を払います。ただし、この金額は現金でなく、株で支払います。これが一般的なコンバーティブル・ローンです。またConvertible loanはConvertible noteということもありますが同じものと考えてください。

ステップ(7) 資金調達時期と戦略を時間軸上に書き込んだ計画を立てる

　それでは、具体的に資金調達を計画していきましょう。このステージは9つあるステップの中で作業量が一番多く、かつ経験の浅いスタートアップにとっては難しいかもしれません。各ステージ（シリーズA、Bなど）において、一体いくらぐらいの資金を調達すべきかを検討していきます。特にシリーズAの場合には、手持ちの現金と投資完了（自社の銀行口座にお金が振り込まれる日）までの期間を予測して戦略を慎重に検討する必要があります。特にシリーズAの場合には、投資家は慎重になります。なぜなら、一旦投資を決定したらその後の計画に合わせて、次のシリーズBの投資資金の用意も必要となるからです。このようにシリーズAの資金調達が、その後の会社の進展に非常に大きく影響します。

　次にシリーズAで調達する金額について考えてみましょう。多くの場合、この資金は開発完了から、販売開始までに使われるので、それまでにいくら必要か開発計画を含めて検討していきます。最初の段階であっても、顧客開拓をするためのマーケティング費用を含めて考える必要があります。また、それまでの必要資金と、次に調達しなければならないラウンドBの資金調達が、時期が多少遅れると想定して（したくありませんが！）、シリーズAに6ヵ月の運転資金を乗せた金額を調達しておくのが安全です。この最初のステージでは会社の評価額が小さいケースが多いので、調達資金が多ければそれだけ自社の持ち株比率が下がることになります。ここは慎重に必要最小限の金額を決めなければなりません。具体的には、IT分野、環境技術、ものづくりといった分野により、これらの考え方は変わってくるので、今までの説明はあくまでガイドラインとして理解してください。

ステップ⑤の
ステップ(8) 資金計画書は専門家に依頼して投資家の精査に堪えるものにする

　もし、すべてが計画どおりに進んだとして、エグジット時に会社の株式構成がどうなっているかをシミュレーションして、表にしておくとわかりやすくなります。

　スタートアップに関わるすべてのプレーヤーが、それぞれにWin-Winになるような状況をつくっておくことで、CXOチームや全社員一丸になれるかどうかが決まってきます。シリコンバレーでは、通常このような計画をつくるときに弁護士がいくつかの事例を教えてくれることがあります。

　特に創業者にとって、一番の関心事は、何％の株を持っているか、ということでしょう。これは経営権の問題としても大きな意味があります。エグジットした時点で現金化されるので、どれだけ株を所有しているかということは、どれだけの資産を得られるかということとイコールです。その意味でも、創業者は苦難の連続が最後になってどれだけ報われるかということですから、当然大変関心を持つ事項になります。

> ステップ⑤の

ステップ(9) 一枚紙のエグゼクティブサマリーをつくる

　この時点までくれば、VCの比率をもとに、資金調達金額と株譲渡の目処をつけておく段階となります。事業内容にもよりますが、スタートアップしたシードステージやアーリーステージの段階にある会社の場合、VCは5倍から10倍の投資回収を期待してくるので、VCたちの取り分も入れた数字を具体的に計算していきます。このときは数字に強い専門家の知恵を借りるのもよいでしょう。現実的に具体的であればあるほどいいのです。

　現状の手持ち資金を前提に、積み上げ方式で行けるところまでがんばって考えを進めても、「これだけ資金を出すVCや投資家はいるかな？」という懐疑的な発想に陥ってしまいます。あくまでも事業のエグジットという終わりから考えて、必要資金の調達をするという考え方が、プロからの投資を受けるスタートアップには強く求められます。

　ステップ⑤のステップ(1)〜(9)までできれば次のステップ⑥へ進めます。ステップ⑤は急な9つのステップからなりますが、このステップを登る力がないCXOチームは、しょせんデスバレーを渡ることができません。

　次図は、エグゼクティブサマリーの雛形です。A4にプリントアウトして文字が小さく読みにくければ、A3に拡大して一枚紙にするのもよいです。複数枚になることは絶対に避けましょう。そして、この一枚紙を持って投資家にいつでも渡せるように準備しましょう。

Ecosystem Technologies, Inc.
800 Stewart Drive Suite 345
Cupertino, CA 94085
Tel 408 333 7778
tomkk@ecotechnologies.com

Company Details:
- Founded: 03/13/2009
- CEO & Founders: Tom K. Keller

Employees:
- 5FT /3PT employees
- Ownership: Private

Funding:
- Seed Round Complete:
  - $500K self funded in 2011

Looking for Funding
- Seed Round A: $1.0M req. by 6/30/13

Use of Series A Funds:
- Hiring of Staff and office rent
- Complete: Working prototype (1,000 MI-units + 100 monitors)
- Expand / Asian Office
- Working capital for 12 months +3
- Marketing and branding expense

Product Milestones Completed:
- Inverter & Monitor Board design: Jan/13
- Inverter & Monitor for test: Feb/13
- Related software complete: Mar/13
- Inverter and monitor lab test complete: Apr/13
- Beta samples availability: Jun/13
- Field-testing complete: July/13
- Establish overseas production: July/13
- First PO: Sep/13
- First deliveries: Nov/13

Revenue Projections:
- 2013: $1.5M
- 2014: $26M
- 2015: $43M
- 2016: $66M
- 2017: $100M

Competitive Advantage:
- More robust unit than Eneco
- Lower cost than Eneco
- Remote monitoring systems

Management Team
CEO & CTO: Tom Keller
 - 20 years exp
- Mkt VP: MB – 20 yrs exp
- Biz Dev: WC – 25 yrs exp

Board of Directors:
- Tom Keller CEO and acting CTO.
- Lisa Keller Dir. of Quality.
- Won Choe advisory board member

Company
Eco Tech was formed as a California company committed to developing next generation solar micro inverters and monitors in order to:
* Bring down the cost of solar power.
* Improve the serviceability of solar systems.
* Create well-paid solar jobs and improve the environment by reducing the burning of fossil fuels.

Marketplace
Our market growth will come from the growing solar market and the changeover from conventional inverters to our unique micro inverters.
Eco Tech will help make solar energy the lowest cost source of electrical energy for most consumers in sunny parts of the developed world within a few years. The present total solar inverter market is $3 Billion. We are targeting sales of $1.5 Million in the first year of production, rising to $100 Million within years of production

Problems
Currently the established inverter product is the central inverter. This requires that panels are connected in series/parallel to give a DC voltage of several hundred volts to power the inverter, and only one inverter is used to convert power from all the panels.
* The current inverter needs to handle high power, which means that it is built from expensive parts, so results in an expensive inverter. (Several thousand dollars).
* Series strings mean that if one panel is shaded, power from all panels in the string is reduced. This can lose 5 to 25% of the power. Also if one panel connection opens all power from this string is lost.
* If the central inverter fails, all power is lost. A replacement inverter ke significant time to get and may cost thousands to replace.

Our offered solution
Eco Tech has identified a product that is revolutionizing the inverter market which is called Micro inverters.
Micro inverter and advantages: Micro inverter eliminates all above ms, and each panel is connected to its own inverter. The inverters are tly connected to the AC Grid.

Differentiation
Current main competitor is Eneco, and Eco Tech's micro inverter has advantages
* Minimum 15 % typical higher installation efficiency than central inverters.
* Footprint smaller by 25%
* 50% better case cooling than nearest competitor
* Much more robust compared to the competitors

Business model
* Sales of inverters and monitoring units
* Central maintenance service revenue
* Regional Distribution rights may be sold

Customer traction
* End users like to have robust, inexpensive and maintenance ms
* Installers want easy installation and easy maintenance, low c t units.
* Products of Eco Power Design perfectly match customer's needs

①ビジネスサマリー　②会社概要　③市場規模と動向　④解決したい市場の問題
⑤問題解決策　⑥競合他社との差別化　⑦ビジネスモデルを箇条書き（3つくらい）
⑧顧客メリット　⑨ロゴマーク

ステップ⑥ デモを準備して顧客訪問と同時に資金調達を始める

6-1 CXOチームでプレゼンテーションに挑む

　さて、ステップ5の9つのステップを登れたとして、次は商品のコンセプトが伝わる状態のデモができるようになったら、投資家を訪問してプレゼンテーションを始めるステップ⑥に取り組みましょう。

　ここからは気持ちを鉄のようにクールに強く持つことが重要です。投資家たちは、厳しい目でデモに容赦ない意見をぶつけてきます。無反応で（＝話すまでもない）何のフィードバックもない場合もあるかもしれませんが、そういうものだと割り切ってプレゼンテーションに励みます。

　VCからのフィードバックをもらうことが次の展開の参考になります。いろいろな投資家を訪問しプレゼンを繰り返すうちに議論も進展し、個別の詳細の説明を求められることも多くなってきます。場合によっては、この段階ではCTOやVPMもプレゼンテーションの場に同席して説明することが望ましいです。

　いずれにしても、投資家は最終決定する前にCXOチームにどんなメンバーがいるのか確認したいと考えています。その意味で、できるだけ早い段階から各CXOを紹介しながら、投資家からの質問にその場で的確に即答できるように準備しておくことが重要です。

投資家候補は最低でも30社ぐらい訪問先リストにあげておきましょう。目の肥えた有名なVCであれば、100件の面談をして、せいぜい2、3件が目に留まり次のステップに進むほど厳しい判断が下されます。逆に言うと、自分たちも100社ぐらい当たると、2、3社のうちの1つに選ばれ、次のステップに進めるチャンスがあると思っておくのがよいでしょう。さらに、投資家の観点から言えば、ビジネスプラン自体は興味があっても、いま扱っているファンドの運用期限やポートフォリオの条件に合わず投資できない事情もあります。

先方に断られたとしてもショックを感じなくなると資金が集まると、シリコンバレーでは言われています。まずは場数を踏んで面の皮と心臓を鍛えることが必要です。

上記の事情などの知識があれば、なぜ断られたのかも理解できるようになります。10社以上回り始めるとだんだんコツがわかってきて、プレゼンもうまくなってきます。断られても、何かを教えられたという印象を持つようになります。

6-2 投資条件の決定

　投資家との対応で、最後の重要な項目は投資条件です。株価算定（1株いくらか）と役員数（取締役の席）の数です。株価が決まると、投資金額から株数が決まります。この株数が何％になるか、両者にとって非常に重要です。投資家側は安い株価で多くのシェアを持ち、役員数も多くして、会社をコントロールしたいと考えています。スタートアップ側はお金は欲しいですが、あまり経営に口出しされ自分たちのビジョンが変更され夢が実現しにくくなったりすると困るので、投資条件を決めるのが難しくなります。この最後の詰めが最も重要になります。CEOはこの議論に耐えられるようにいつも投資家向けのシナリオを用意しておき、この交渉を有利に導くように努力しなければなりません。手持ちのカードとして他の投資家も興味を持っているとか、この事業が成功するための顧客をすでにつかんでいるとか、購入契約ができているとか、先方からLOI（仮購入契約）をとりつけているとか、他の事業会社がどんな条件で投資を受けたかといった情報も集めておく必要があります。

　投資家側からの要求は常に大変厚かましく、スタートアップ側に不利な条件を出してくると覚悟しておいた方がよいです。そのまま投資家側からの要求を受け入れるのではなく、可能な限りギリギリまで自社にとって有利となる投資条件を引き出すことが必要です。そして最終的に両者が最終確認をして、投資を受けるべきか断るべきかの判断を下すことになります。これがCEOの仕事です。

6-3 プレゼンテーションは10枚で構成する

　投資家へプレゼンテーションするときは、以下の10枚の資料で構成します。＊マークの5点を含むと15枚で、資料を準備しておくに越したことはありません。逆に、この15枚以上資料を多くしないことです。端的で的確な言葉と、図やイメージを使いわかりやすく表現します。

　　　［タイトルスライド］
　　　　　1．表紙（Cover）
　　＊　2．全体概要（Overview）
　　　　　3．解決すべき問題（Compelling problem）
　　　　　4．解決策（Solution）
　　＊　5．ネットワーク（Network power, Partner）
　　　　　6．市場にある機会（Market opportunity）
　　　　　7．技術（Technology）
　　　　　8．競合他社に比べて優位な点（Unique competitive advantage）
　　　　　9．競合他社の概要（Competitive landscape）
　　　　10．市場参入戦略（Go to market strategy）
　　　　11．資金計画（Financial roadmap）
　　　　12．マネジメントチーム（Management team）
　　＊13．エグジット（Exit model）
　　＊14．現在ある状況（Current status）
　　＊15．サマリー（Summary）

ステップ⑦ 条件交渉をして合意の上クロージングする

7-1 クロージングの契約書に合意の前に注意すべき項目

■ 償還条件（Redemption Clause）

> **1. ある期間でエグジットできなかったときに投資を受けた会社が株を買い取る義務のことです。**

　返還条件とは、例えば5年でエグジットできなかったときに、そのスタートアップは株主から株を買い取る義務がある、といった条件を約束させられることです。これではまるで銀行から資金を借りるのと基本的に変わりません。ほとんどの場合、この条件が満たされる頃には、スタートアップが資金を使い果たしているケースが多いので倒産に追い込まれます。何度も繰り返しますが、これはスタートアップにとって死活問題なので、投資家からこのような条件を付けてきたら断固取り除くように契約する前に最初に交渉する必要があります。

> **2. 上記のような返還条件が、クロージングする上で問題になる場合が往々にしてあるので、慎重にチェックすることが重要です。**

　仮にこのような条件を一度でものんでしまうと、これは投資ではなく融資（つまり借金）と見なされて上場条件が満たされなくなります（少なくとも米国では上場できない）。CEOは最低限、これは肝に銘じておくことです。

■ 残余財産優先権（Liquidation Preference）

　エグジットのときに受け取った金額は、まず優先株主に全額返却するという条件です。残った金額を優先株と普通株に、株数に応じて割り振るということになります。例えば、15億円の資金調達を行ったが、事業が思うように展開せず、会社や事業を売却する場合、売却金額が15億円以下の金額の場合には、すべての資金が優先株主に返却され、普通株主には全然配分されません。

　このような条件が付けられると、創業者や社員は一銭も受け取られなくなります。逆に言うと、優先株主はそれだけ有利な条件を付けて投資するケースが多いということです。長年の苦労が何も報われないことになるので、このような条件は断固撤回するように交渉する必要があります。

　これらの交渉には、投資を受ける側が実績を出しながら強い立場を確保することが重要です。さらにこのような交渉には、シリコンバレーの弁護士はスタートアップ側に立って力を発揮してくれます。CEOは最小限、このような項目には細心の注意を払うことが必要です。

CEO必読！対VCとの交渉知識10か条

― CEOの視点から見た、VCとの交渉時の知恵 ―

1　株の償還条項（Redemption）

> ある期間（例えば5年）でエグジットできなかったときに
> 投資を受けたスタートアップが株を買い取る義務

　株の償還条項とは、ある期間でエグジットできなかったときに、会社はその株を株主から買い取る義務がある条件をVCから約束させられることです。この負債を抱え込むと米国では上場できないことになりかねないので、IPOを見据えてスタートアップするのであれば、VCとの交渉時は要注意です。

2　投資前の精査プロセス（Due Diligence）

> VCなどの投資家が投資に関連してその会社の提出している内容に
> 信頼がおけるかどうか独自に調査するプロセス

　この場合に、VCはすべての作業を自分たちで行うことはなく、投資先の会社からいろいろな資料を提出するように要求してきます。このために会社側としては大きく負荷がかかります。

　シードステージやアーリーステージのスタートアップに起こり得る一例を挙げると、会社が活動を始めたときからのすべてのNDA（秘密保持契約）

の書類とサインした契約書のコピーの提出を求められますが、経験の少ないスタートアップの場合、これらの書類管理が十分にできずにいて、VCから提出を求められてあわてて整理し始めることもよくあります。

また、すでに商品の販売をしている場合には、取引先との販売契約のすべてのコピーを揃えていなければなりません。同時に、支払いが行われた日にちの確認などもあります。これらはこの会社が契約に基づいて代金を回収しているかどうかを調査するのが目的です。会社のマネジメントがどのような運営をしているか調べられます。開発スケジュールの管理や、特許の申請状況、今後の資金の必要性の判断材料として重要なデータになります。

また、基本的な会計情報や銀行関連の資料なども要求されます。そのほかにも、現時点までの投資家の情報や投資のときの契約条件を示す契約書のすべてのコピーも要求されます。これらはほんの一例ですが、投資を受けるということは、大変時間がかかるプロセスであり、予期しない時間的ロスが発生することも知っておくべきです。

常に、取締役会の議事録、NDAのコピー、会計記録、従業員との採用契約書、ストックオプションの契約書など、後に投資前の精査プロセス（Due Diligence）で要求されるすべての記録は、書棚に鍵をかけて保管するなどといった注意が必要です。

3 残余財産優先権（Liquidation Preference）

これは投資条件の一つとして
VC側が要求してくることの多い契約条項

例えば、今あなたの会社がシリーズAで3億円の投資を受けたとして、VCはそのうちの40％の株式を取得したとします。このときにVCの方はできるだけ投資資金の回収を有利にしたいので、もしエグジットできたとしたら、最初の売却金額の中から優先株主に優先的に投資資金と同じ金額（x1）を返却するという条項です。

つまりこの会社が10億円で売却できたときには普通株の創業者やストックオプションに先んじて、まず無条件で3億円を払うということです。そして残った金額7億円を全員の株数（＝普通株＋優先株）に比例して分けるということになります。

この場合、上記のVCは40％の株式を保有しているので7億円の40％（＝2.8億円）を追加で手に入れます。最初の3億円と2.8億円の合計（5.8億円）がVCの取り分になります。そして残りの4.2億円を60％の普通株の株主が分けるということになります。この方式を「x1」の残余財産優先権と呼んでいます。

もしこれが「x2」で行われたとすると、VCはまず6億円を手に入れます。残りの4億円を株数比例で分けると、VCは40％なので追加で1.6億円を手にします。合計で7.6億円がVCの取り分になります。創業者やストックオプションを持つ従業員は株数に比例して残りの2.4億円を分配するということになります。

この条件が「x3」の場合だと、まずVCは優先的に9億円を手にしますが、創業者と従業員は1億円の60％（6,000万円）を全員では分けるということになります。この例でわかるように「x3」といった条件をのんでしまうと、株式比率は以下のとおりです。

	株数	現金比率
VC	40%	9.4億円
創業者	60%	0.6億円

x 3の場合の現金比率

　この場合、金額によっては創業者はほとんど報われないことになります。このような例も現実にはありますので、VCは時として「ハゲタカ」と呼ばれることもあります。

　しかし、非常に成功してこのスタートアップが100億円で売却されたとすると、「x 3」で優先配分しても90億円以上残っているので、創業者側は54億6,000万円（91億円x 60％）を手に入れられます。

　このように 残余財産優先権（Liquidation Preference）というのは、非常に重要な項目であることを知っておきましょう。そして、このような厳しい条件交渉をするのがCEOの仕事なので、CEOはその決断が将来的に創業者や従業員の利益に大きく影響することを意識して、できるだけ有利な交渉を勝ち取る努力が必要とされます。

　他のVCからもこのような申し出があれば、交渉しやすくなります。場合によっては拒否して他を探すことも必要になります。そのために、資金状況を把握した上で、他の投資家ともコンタクトしておくとか、複数の投資家と交渉していくことが重要です。

　一社決まりそうだからという甘い考えで他の投資家とのコンタクトを止めたりすることは、最後になってこのような煮え湯を飲まされることにもなりかねません。すべては駆け引きです。

4　取締役員数と取締役会の構成（第3のボード）

> **投資を受け入れた場合には
> 多くの場合役員の参加要求が条件として要求される**

　投資を受けるスタートアップ側には2つの注意すべき点があります。1つ目はVCの要求する役員の数の問題です。通常多くのスタートアップではシリーズAの投資以前は取締役の数は3人（最終的な手段として多数決で決めるため、奇数が原則）となりますが、この3人は創業者がなる場合が多いです。

　そして問題は、VCからの投資を得ようとするときに、VC側は1人、場合によっては2人の取締役を着任させたいと条件を提示してきます。この時点から会社の運営はガラッと変わってきます。従来は創業者たちが自分たちの好きなように意思決定して会社運営ができたのですが、投資を受け入れてからは投資家の目線でいろいろなことを考慮する必要があります。

　VCから1人の役員を受け入れた場合、まだスタートアップ側は2人の席を確保していますから主要な決定の決定権は基本的には変更は生じません。しかしVC側は、もう1人の取締役は社外のこの分野の専門家を入れるべきだと主張してくる可能性は大いにあります。この3人目の取締役がどちらに投票するかによって、会社の方向が決定されるので、多くの場合、VC側も3人目がVC側につく人を推薦してくることもあります。そこで、本当にCEOを親身にサポートしてくれる複数の候補者に声がかけられる状況にしておくことが重要です。

　もう1つの問題は、社員の2人の役員は選手交代になるので、このときに社内で権力争い的な感情のもめ事が発生しないように、事前に時間をかけて交代する人には理解してもらうようにしておくことも必要です。

基本的には CEO が役員として残留することになると思いますが、時として別の2人から出してほしいと言うこともありますので（この場合は CEO が信用されていない場合です。そのため他の CXO から選ぶというケースです）、この点についてもどうするか考慮しておく必要があります。やや変則的ですが CEO は取締役に残るべきだと主張をして、CEO 枠という別枠を確保しておくやり方もあります。すべては VC と CEO の交渉で決まります。

5　ステージング投資

一度には出さないで、提案したマイルストーンを達成したら、次の追加資金を出すというやり方

ステージング投資とは、例えばシリーズ A として5億円の投資が必要で VC 側もその必要性は認めるのですが、この会社の開発体制に不安を感じていたとすると、5億円を一度に出さないで、提案したマイルストーンが達成されたら、次の追加資金を出すというやり方です。

例えば、X-day までに商品の最初の出荷ができると言っていたのに、開発が遅れたかあるいは見込客が購入をキャンセルしたなどの理由で、その通りにならなかったとします。その状況を見て、VC 側は CTO のスキルが不十分と判断して CTO を代えたら追加投資をするとか、2. で説明した 残余財産優先権（Liquidation Preference）の条件を「×3」にして確実に回収できる条件を追加してくるといったことが考えられます。いずれにしても、投資家は確実に回収することを念頭において追加投資をするということになります。

したがって、CEO はいい加減な計画を出して実行できなければ自分の首を絞めることになります。VC 側はこのような条件を付けることで、全員が必死に目的を達成するように仕向けるという効果があります。

6 創業者シェアの再配分要求

> 創業者株配分が適切になるように、持ち株比率を
> 分けることを要求すること

　VCは投資する会社の従業員のインセンティブが最大になるように要求することもあります。この場合、創業者の持ち株比率を調べて、創業者株配分が適切になるように持ち株比率を分けることを要求してきます。これを拒めば投資をしないという圧力をかけて再配分を迫ってきます。このようにVCは創業者の株の再配分を求めたり、ある場合にはベスティング（ストックオプションの付与条件）を投資時点で再設定して（ゼロに戻す）、投資条件として何年にもわたり、会社への忠誠心を求めることもあります。

　CEOは、このように一旦決めた株主比率を、状況次第では再設定されるということもありうることを知っておきましょう。ここでも投資家に足下を見られないように、お互いの役割をしっかり確認しておくことが必要です。

7 拒否権

> 拒否権を行使すれば取締役会議席数が少数でも関係なく、
> 重要な方針をコントロールすることが可能

　VCが突きつけてくる強硬な要求です。この拒否権を受け入れたら、もはや創業者の希望や意図は通じなくなります。VC側の都合でどこかと強制的に合併や売却させられたりすることもあり得ます。
　例えば、現在自社で開発している技術より、他社の技術が絶対的に優位で勝ち目がないと危惧したときに、VCは取締役会でこの開発予算の承認を否決し

ます。そうなると開発要員は撤退するしかなくなります。それが嫌ならここの会社との合併を受け入れざるを得ない、という圧力をかけることができるのです。また、優先株の持つ株主の特権として拒否権を行使すれば取締役会議席数が少数でも関係なく、重要な方針をコントロールすることが可能になります。これは、投資家とスタートアップの力関係によって条件を要求されることがあります。CEOはこういった事態に陥らないように対策を取るべきです。

とにかく投資される側はこのような条件は断固断る交渉をして、ほかの投資家を探すくらいの準備をしてかかる必要があります。ほかに選択肢がなく、これを拒否したら会社が潰れるというような状況ではやむを得ないことになるかも知れません。このようにならないためにCEOは常日頃からほかの投資家とのコンタクトを探しておくことが必要です。

8 小株主の整理条件を付ける

> **スタートアップ時には3Fの投資については慎重に考え、適切な法的契約書を作っておくことが必要**

シードステージやアーリーステージのスタートアップの資金調達の手段として3F（Founders, Friends, Family）から少額資金を受け入れることがあります。できるだけ高額な資金調達をしたいとの思いで、大勢の知人や友人から資金調達を受ける人も少なくありません。しかし、このような資本構成の会社にはVCは投資したがりません。理由は、重要事項の決定時にすべての株主の了解を得るのでは大変時間がかかってしまい、場合によっては売却等の条件に反対する株主が出てくる可能性もあるからです。

そうなるとVCとしてはよいチャンスのタイミングを逃して投資資金の回収ができなくなることもあるので、このような資本構成の会社には投資をしたがりません。あるいは投資条件として、このような株主の株を会社ですべて買い戻すという条件を付けてくる場合もあります。

一方、少額投資をした初期の多くの株主は、経営の苦しいときに支援してやっと大きな投資家が参入して、いよいよこれから会社が成長して自分たちの支援も実って大きな収入になると期待していたときに、株主放棄を言い渡されると、大変不満に感じて簡単には放棄したがらない問題も発生します。またその一方で、これらの3F投資とは創業者も親しい関係であることが多いので、強気の交渉もできません。創業者にジレンマが発生します。このような事態にならないように、スタートアップするときは3Fの投資については慎重に考え、適切な法的契約書を作っておくことが必要になります。

9 株の希薄化防止条項（Anti Dilution）

先に投資した投資家が不利にならないように保険的な条項を付ける

　この条件は、シリーズAで株価を決めるときにスタートアップ側は高く買ってもらえれば（時価総額が大きくなる）、それだけ希薄化が少ないのでよい条件になりますが、将来のことを考えると、以下のことを考えて適切な価格にすることが賢明です。

　シリーズAの価格が、仮に1,000円/株として、将来は明るい事業展開を考えてシリーズBは1,500円/株を想定した資金調達計画を立てたとします。ところが、実際には事業計画どおり進まなくてシリーズBの資金調達を進めたときに、この価格で投資してくれそうな投資家が現れず、八方手を尽くして800円/株で投資してくれる投資家を探し当てたとします。この場合、先に投資したシリーズAの投資家にしてみれば、実際の価値より高い金額で購入させられたと、よく思いません。このような事態になったときには、先にリスクをとって投資した者としては、会社に株価の補正を求める権利を明記しておきたいということになります。

この補正計算にはいくつかの計算法がありますが、とにかく先に投資した投資家が不利にならないように保険的な条項を付けることが一般的です。これを株の希薄化防止条項 (Anti Dilution Clause) と言います。具体的な内容については、弁護士に意見をよく聞いた上で判断するのが賢明です。このような事態の可能性も考慮すると、単に高い株価でよかったと喜んでばかりはいられないというのが現実です。CEO はその意味でも計画したマイルストーンを必死で実行することに専念する必要があります。

10　企業統治（Corporate Governance）

　取締役会の運営については、企業統治の観点から以下の 2 点がよく知られている項目です。

1．取締役の利益相反（Conflict of Interest）
　　これは取締役になった社外の役員がこの会社と競合関係や利害関係が出てきたときには、速やかに交代するという条項で決められており、これを契約書に必ず入れるようにするというものです。

2．報酬決定委員会（Compensation Committee）
　　役員報酬は勝手に社内で決めるということでは、お手盛りになってしまいます。そこで取締役の給与も含めできるだけ客観的に決めるようにするために、取締役以外でこの分野に精通した者か、他の類似の会社のCFO 経験者等に参加してもらうことが賢明です。これらの集まりは CXOの給与条件の変更が必要になったときに適宜開くことが多いです。

　ここに列記したケースなどは、CEO はこれらの最終意思決定者なので、「知りませんでした！」では済まされない内容です。十分な準備をして、弁護士とも十分打ち合わせて、投資交渉に臨むようにしてください。スタートアップの CEO は骨の折れる仕事です。

PART
5

事例から学ぶ
CXO
ケーススタディ

本パートではチームビルディングをする際に陥りがちな失敗しやすい典型的なケースを紹介します。これらのケースをじっくり読み込むことで、ここに書かれているような事態に陥らないように気をつけましょう。

ケース 1-1　ネットワーキング
有意義なネットワーキングにする

　私は、K社でプログラミングをするIT系エンジニアです。自らスマートフォンアプリを作成して、うまくいけばそれで起業したいと考えるようになりました。しかし、週末と平日の夜にそのアプリを作成する計画を立ててみましたが、平日の残業で週末は疲れて思うように計画が進みません。

　一人で起業するのに限界を感じ始めていたので、誰か一緒にこのアプリを事業化しないかとパートナーを探し始めたところ、知り合いの会計事務所が主催する起業セミナーがあると聞き、参加しました。このような場に参加するのは初めてでした。セミナーでは最新の起業事例がいくつか紹介されて、はじめは有意義な時間でしたが、後半のネットワーキングを兼ねた立食パーティーでは、その場の積極的な雰囲気に尻込みしてしまい、ひたすら食事を食べて、そこにいた誰とも会話できずに帰りました。

　このままでは、パートナーを探すという当初の目的が果たせないと思い、今度は別のセミナーに参加して名刺交換をしようと意気込みましたが、結局その場にいる初対面の人たちと、言葉どおり名刺を交換することしかできません。最近では、セミナーに出席してはみたものの疲れるだけだと感じ、これ以上セミナーに参加しても仕方がないと思うようになりました。私のネットワーキングの何を改善すればよいでしょうか？

Aさん
30代（IT系エンジニア）

アドバイス①　一歩を踏み出すから具体的になる

　スタートアップしたいと思う大半の人は、最初の一歩を踏み出さないために、なかなかスタートできずにいる状況に陥っています。思いはあるが、具体的にやるべきことがわからないという人でも、まずは一歩を踏み出すと、具体的にやるべきことが見えてきます。考えるだけで終わりにせずに、まずは周りの人にスタートアップしたいことを話してみましょう。ここからスタートアップの道が始まります。

アドバイス②　話すことを整理しておく

　参加したスタートアップのためのセミナーにいる人たちと積極的に話しかけてみましょう。気後れする自分と同じように、相手も初対面で気後れしているものです。笑顔で積極的に挨拶することから始まります。まずは自分のことを話し、相手のことを理解するようにしましょう。そこから発展して、相手から有用な情報が引き出せたり、一緒にスタートアップをする仲間が見つかるかもしれません。そのためにも開示できる情報とできない部分をあらかじめ書面で整理しておくことがよいでしょう。

アドバイス③　会話のきっかけをつくる

　セミナーや講演の質疑応答の時間に、なかなか鋭い質問をするなという人に当たりをつけて話しかけると会話のきっかけになります。自分が鋭い質問をすると、休憩時間に相手から声がかかりやすくなります。

ケース 1-2

ネットワーキング

目的を持ったネットワーキングをする

　私は、現在起業準備中です。以前はセールスを担当していたので、そのノウハウを事業化しようと思っています。毎日誰かに会っては、まだ不明確な状態のビジネスプランに対して、アドバイスをもらいながらブラッシュアップしています。

　私は、人とコミュニケーションをとることが得意なので、頻繁にセミナーに参加しては、持ち前のコミュニケーション力でネットワーキングを試み、セミナーが終わった後も、一緒に食事をしたり、その後も友人となるような人とも大勢出会いました。

　しかし、さまざまな人たちにビジネスプランをブラッシュアップしてもらっていても、肝心の事業化するところまで至りません。会う人の数が足りないと思い、さらに他のセミナーや勉強会に参加しますが、当初の起業準備中という状況からあまりレベルが変わりません。

　このまま我流でネットワーキングを続けていくのがよいのか、自信がなくなりました。私のネットワーキングの何を改善すればよいでしょうか？

Bさん
30代（起業準備中）

アドバイス①　目的を持つ

　ネットワーキングにデメリットもあります。基本的に理解すべきことは、ネットワークは手段であり目的ではありません。目的がない場合、時間の浪費につながります。特にスタートアップの場合、時間とお金が限られています。顧客やユーザー候補者やパートナーになれそうな人と効果的に出会えるように明確な目的を持つことが重要です。

アドバイス②　顧客発見のためにヒアリングをする

　まず自分が設定したスタートアップの目標が、現実的にビジネスになりそうか否かを検証するのがシードステージやアーリーステージの最大の関心事です。つまり、セミナーに参加することが最大の目的ではなく、顧客発見が関心事です。顧客が誰か探すには、ネットワークを豊富に持つ人が集まる会に出向くことも一つの手段です。

アドバイス③　目的に合ったセミナーやネットワークを探す

　もしあなたが何らかの専門家の集まりを探すのであれば、学会やその分野に関連したビジネスセミナーなどに狙いを定めるのが賢明です。しかし、開催場所や参加への制約もあり、タイミングがうまく合うか不明です。ネットワーキングをして無駄にする時間やコストを考えて、自分が行う情報収集が大いに意味があるか、一つのセミナーだけを考えないで、ネットワーキング活動全体を見直してみるのも一つのやり方です。

ケース 1-3 ネットワーキング
よいエンジェルとネットワーキングをする

　私は、起業準備中です。いろいろなセミナーや研究会、勉強会に参加して地道にネットワーキングをしています。先日、ある勉強会で、私のつくるビジネスプランに興味を持つ人が現れました。すぐに「投資をしたい」と言ってくれました。彼のような個人投資家のエンジェルは、少額の自己資金でスタートしようとする私にとって、まさに渡りに船です。

　しかし、少し先行くスタートアップの経験がある先輩方に、このエンジェルについて話をしたところ、「気をつけなさい」と口を揃えて言います。「投資をしたい」と言ってくれるよい出会いに、何をどう気をつければよいのかわかりません。エンジェルとどのような関係を築くとよいのでしょうか。

Cさん
30代（起業準備中）

アドバイス①　二つ返事をしない

　筋のいいビジネスプランに対して、協力したい、お金を出したいという人が現れることは嬉しいことですが、なぜその人は、協力したり、お金を出したりしようとしてくれるのか一度客観的に考えてみることが必要です。安心させて近づいて、ビジネスのコアとなる内容を盗んでその人が事業を始めてしまったり、あるいは事業を乗っ取ろうとする悪い人もいます。お金を目の前にすると冷静な判断ができなくなってくるものですが、一人で考え込まずに、まずはこんな話があれば仲間と情報をシェアすることがよいでしょう。

アドバイス②　弁護士に相談する

　だまそうとする人は、最初から悪人面はしていません。素直に事業資金を出資してもらい、会社の株式と引き換えにお金を受け取ってしまっては、もはや関係を断ち切ることが非常に困難になります。よいエンジェルでも、出資してもらう場合は、事前に弁護士に相談してみるのもよいでしょう。

アドバイス③　レファレンス（参照）を取る

　その人の評判を知っている人から聞いてみることです。実際にそのエンジェルから投資を受けたことがある人に聞くことができれば、適切な判断をすることができます。メディアへの露出が多い著名人であっても注意が必要です。さまざまな人から評判を聞き、間違った人と深い関係にならないように気をつけましょう。

CXO チームとビジョン共有

ケース 2-1 決断できる CXO チームにする

> 　私は、大学から仲のよかった3人の友人に声をかけてスタートアップすることにしました。資本金もそれぞれ仲よく4分の1ずつ出し合い、4人全員が創業者になりました。
>
> 　各々にやりたいことがあったので、まずは別々に事業に取り組み、その中で、大きく育つ事業があれば、それに注力しようと4人で話し合って決めました。
>
> 　スタートアップし始めた頃は、4人それぞれ事業がうまくいき始めていましたが、やはり一人ずつのパフォーマンスは低く、4人の力を集中して一つの事業に絞ろうと話し合いを始めたのですが、その案に賛成が2人、反対が2人と、4人のチームでは多数決ができません。
>
> 　このスタートアップに声がけした私がみんなの意見を聞いて決めようとすると、4人で同額出資した4人の会社なんだから全員で決めようと私以外の3人が言うので、なかなか決められません。いったい私の何がいけなかったのでしょうか。

Dさん
20代（起業準備中）

シリコンバレー流CXOチームビルディング

アドバイス①　「友人だから」は理由にならない

　友人とのスタートアップは、互いの個性をよく知り合う仲なのでコミュニケーションがスムーズな反面、大きなデメリットもあります。うまくいかない場合は、最悪どちらかを解雇しなければならないからです。友人だから、逆に思いが切り出せず、意思決定が遅れてしまいます。「仲良しクラブ」から始まる事業のほとんどが失敗するのだと念頭に置いてください。

アドバイス②　ビジョンを共有することから始める

　チームが空中分解する大きな理由の一つが、ビジョンを定めないでスタートしていることです。今回のケースは、ビジョンを共有をせずに、それぞれ別々の事業を始めているので、必ずしも一般的なケースではないと思うかもしれませんが、「友達同士でスタートアップする」場合には、よくあるケースです。ビジョンがすりあわないけれど、一緒にいることで気が楽になるという理由だけで、一緒にスタートアップしてもうまくいきません。チームとして、役割を分担することで力を発揮することができるのです。

アドバイス③　機能するチームをつくる

　それぞれ別のビジョンで行動している限りはチームと呼べません。同じ目的に向かって、それぞれ役割を分担して行動する必要があります。それぞれの役割を分担した創業者が、同じゴールに向かって、一緒に取り組むことが、必要なチームビルディングです。

ケース 2-2　CXO チームとビジョン共有
ビジョンを共有してから走り出す

　私は、消費者同士がモノの売買を行う C2C のビジネスモデルを事業化するために CXO 候補者に会ってビジネスプランを説明する毎日を過ごしています。

　最初に会った CTO 候補者は、知人から紹介してもらった、現在ゲーム関係の IT 企業に勤めているエンジニアの J 氏です。「消費者同士がモノの売買を行える全く新しい仕組みで世界を変える」という会社のビジョンを J 氏に伝えましたが、彼は家族を養う立場にあるせいか、もっと地に足が着いた等身大のビジョンを掲げる方がよいと言ってきました。

　J 氏は優れたエンジニアなので、できればこの事業に参画してほしいと思います。今は、J 氏とビジョンを共有することができなくても、事業を走らせながら話し合いを繰り返して、お互いの意見をもとに修正したり改善していこうと思っています。こんな事業の始まり方でもよいでしょうか？

E さん
30 代（起業中）

アドバイス①　まずはビジョンを明確にする

　例えば、「世界をよくしたい」というような曖昧なビジョンでは、チームに人は集まりません。いつまでに実現するか、今の時点でわかっている根拠にはどんなものがあるかを、率直に話すことでお互いを理解することが必要です。このアイデアのシナリオを紙に書いてみてください。

アドバイス②　ビジョンを共有するのが大前提です

　CXO候補者となる人とビジョンが共有できずにスタートアップするのは大変危険です。投資を受ける以上は、必ずエグジットを目指す覚悟が必要です。少なくともエグジットができるようなビジョンを持っていないと、投資も受けられないし、一緒に事業を行うCXOも採用することはできません。CXO候補者と、ビジョンを何度も話し合い、そして、お互いの意見をもとに修正したり、改善したりしてビジョンを練り上げ、同じ夢を目指す船に乗ることができるか見極めるのもあなたのCEOとしての能力が問われます。

アドバイス③　情熱と経験を伝える

　人を動かすのはメリットだけでなくパッションです。かつTrack Record（過去の成果がわかる評価記録）も重要です。失敗した経験からもネットワークができているので、それらも含めてその人に信頼を置きます。スタートアップはリスクをとって挑戦するので、失敗するのはよくあることです。投資家も「失敗は勲章」と言って、その人がどのように活動してきてどんな経験を身につけたか、同じ失敗は繰り返さないだろうとポジティブに評価します。

ケース 2-3 CXOチームとビジョン共有
ビジョンが共有できるチームをつくる

　私は、日本のアニメをスマートフォンで紹介するアプリを事業化するために、他のCXOメンバーを経営部隊に迎え入れないで、一人で会社を設立することにしました。

　できる限り支出を抑えるためにも、アプリの開発にはアルバイトの学生や他に仕事を持ちながら週末に手伝ってくれる人を捜し手伝ってもらいました。こうした人材を活用して、四苦八苦しながらも開発が終わり、リリースすることができました。

　念願のアプリをリリースしてから、すぐに問題が発生しました。アプリに不具合が次々に見つかり、修正するにも開発に携わったアルバイトの人は夏休み中で旅行に出かけているので、すぐに連絡が取れません。連絡できても、彼の作業内容が完了した後に出てきた不具合なので、手の空いた人に修復の作業のアルバイトをお願いすることで、その場をしのぐことしか思いつきません。アルバイトの人とビジョンが共有できていれば、後は業務毎に仕事を発注する関係なので、スムーズなやりとりができると安易に思っていましたが、その考え方の何が問題だったのでしょうか。

Fさん
30代（起業中）

アドバイス①　VCの求めるものを理解する

　アプリの開発は、数名でできますが、VCの投資を受けようと思うなら、CXO候補者を集めて、適切なチームビルディングができていることを示す必要があります。投資家はたった一つのアプリで事業が終わるのではなく大きくスケールアップさせてスタートアップの評価額を上げてエグジットしたいと考えています。特にアプリの市場は世界が相手なので多様なカルチャーをもつCXOチームは投資家には魅力的に映ります。

アドバイス②　CXOチームを集める努力をする

　CXO候補者を探すことは、アルバイトやお手伝いの人を集める以上に労力と時間がかかります。アルバイトは「何をいくらで」という関係とすれば、CXOの場合は事業の運命を一緒に握っていく関係だからです。できるだけ、早い段階から、CXO候補者となる人をネットワーキング活動を通じて探しましょう。さまざまなネットワークや信頼ある人からの紹介を受けて、じっくり時間をかけて会い、関係を構築していくことです。

アドバイス③　外国人も候補に入れる

　将来、日本市場が縮小する中で、海外展開も視野に入れることが望まれます。コミュニケーションの問題や労働ビザの問題などがあり、外国人を雇用することは一筋縄ではいきませんが、その点、シリコンバレーでスタートアップする場合は、最初から自然にインターナショナルなチームになります。アジアでの事業展開を視野に入れるなら当然その国の人がチームに加わっていた方がビジネス展開はしやすくなります。

商品開発ロードマップ

ケース 3-1 追加の開発アイデアにとらわれない

　私は、新しい測定機器の研究成果を事業化するためにスタートアップしました。これまで蓄えた貯金で、できるところまで開発を進めて、試作ができた時点で資金調達しようと考えました。

　その開発途中で、新たにいくつもの機能を思いつきました。これまで勤めていた企業での研究は、こうした新しい機能も同時に開発を進めることで、最終的にはよい研究ができて試作までつくれた経験があるので、当初予定していた機能に追加することにしました。

　しかし、開発を進めれば進めるほど、新たな開発したい機能が見つかり、気がつくと蓄えた貯金も開発費に使い果たし、この開発方針を変更するか、もしくはもっと開発するための資金を調達をするのがよいか悩んでいます。こんな私に出資してくれる投資家はいますか？

Gさん
30代（起業中）

アドバイス①　いつまでに何をするべきかを決める

　大学の研究などでは、期限を決めても成果が出るかどうかはわかりませんが、スタートアップは、結果や成果を出すために、いつまでに何をすべきか後ろから決めていくことが大切です。大企業に勤めている場合は、必ずしも期限どおりにいかなくても会社はつぶれることはありませんが、スタートアップでは、期限どおりに開発または次のステップへ移行できなければ、そこでゲーム終了（つまり廃業、一から出直し）になってしまいます。

アドバイス②　手持ちの資金で次につなげる最大の成果を出す

　「今あるお金がつきるまで、やれるところまでやろう」というやり方では開発はすぐに壁にぶつかり道が途絶えます。今手持ちの資金でどこまでできるのか、それができることで、次の資金調達がうまくいくのかなど、事前に考えなければなりません。今手元にあるお金でできるところまで開発するという姿勢は、将来のことを考えるのを放棄していることを意味します。

アドバイス③　いくつもの開発案件を同時に持ちすぎない

　開発を進める中で、新しいアイデアが生まれることがあります。そうしたアイデアを付加することで、よりよい製品を作りたいと思う気持ちが生まれることがあるでしょう。しかし、ここでは、限られたお金と時間で次の段階に進めるための開発を実行しています。いくつもの開発案件を同時に行うことで、途中で資金不足とならないように気をつけなければなりません。

商品開発ロードマップ

ケース 3-2 計画した開発時間を死守する

　私は、開発会社のCTOです。新しい製品を作る際に、開発するためのロードマップを作成するのが私の仕事です。開発は、さまざまな要因から計画どおりに進まないことが大いにあります。

　最近では、そういう状態を予め考慮して、何月何日までにどれぐらいの開発を進めるという大枠の商品開発ロードマップを作るようにしています。また、思った以上に人員を要する開発工程には、途中で増員したり、実際の動きに合わせてロードマップを改訂しては期限を延ばして、ロードマップをブラッシュアップしています。

　先日、会社の取締役会で私がCTOの役職を果たしていないということが議題に上りました。私はきちんと日々ロードマップを作り変えてはチームの開発状況を把握し、作業を進めています。いったい、私の何が問題なのでしょうか？

Hさん
30代（起業中）

アドバイス①　実現可能性の高いロードマップを作成する

　ロードマップを作成する際に注意すべきことは、その期限設定が希望的観測に基づいて作成されたものでないことです。現在の人員や部品調達のリードタイムなど、現実的に可能か、きちんと考慮して作成すべきです。現実的でないロードマップはすぐに破綻します。

アドバイス②　ロードマップを死守する

　ロードマップを作成すること自体はよいのですが、それを死守しなければ、作成した意味がありません。ロードマップの期限を守らない結果、次の資金調達に必要な試作の完成に間に合わないという事態になってしまっては試合終了、つまり事業終了となります。資金が尽きないうちに、開発を完成するように目を光らせるのがCTOの最も重要な役割です。シリコンバレーでは、CTOとしての役割が果たせない場合は、改善するように勧告書が手渡され、1ヵ月の猶予期間が与えられて、それでも改善できなければ解雇されてしまうほど深刻な問題なのです。

アドバイス③　ロードマップの期限を延ばさない

　事前に作成したロードマップどおりには、開発はうまくいかないものです。不測の事態は起こりうるものですが、そのつど期限を延ばしてはいけません。万が一、ロードマップの期限を延ばす場合には、CEOの了解を事前に得る必要があります。だからこそ、最初に作成する際には、実現可能かを十分考慮に入れて、何か問題が起こった場合にも実行していくようにする必要があります。

ケース 4-1　マーケティング
独りよがりでは顧客の心はつかめない

　私は、長らく大手企業に勤めていました。数多くのヒット商品を開発した成功体験があるので、どのような機能が顧客に求められているか十分に理解していると思っていました。よい製品を作りさえすればお客さんを得ることは容易であると思い、開発した製品を満を持して売り始めたのですが、全然売れません。こんな経験は初めてです。なぜ顧客を知り尽くしている私の商品が市場に受け入れられないのか、わけがわかりません。

　顧客は品質の高いものを求めます。1年前に大勢の顧客から直にヒアリングしたニーズを分析して、顧客の望むレベルの商品まで仕上げることができました。私は自信を持って商品を抱えて顧客に見せると、手のひらを返したかのようにニーズとして認識していた機能のうち、大半が不要なものだと言われました。まさかたった1年で顧客のニーズがこれほどまでに変化するとは、今までの経験からは予測がつきませんでした。

　もしかすると、完成した商品の持って行き先を誤ったのかもしれません。この商品を欲しいという顧客を探していこうと思いますが、このアプローチが正しいか自信喪失してしまいわかりません。何かアドバイスをください。

Iさん
50代（起業中）

アドバイス①　製品開発の前に、顧客を獲得する

　このケースの場合、自身の過去の経験を過信し、顧客の実際のニーズを確認せずに進めたことが問題です。ヒアリングを実施した1年前の情報が今も正しいとは限りません。開発が進む中で、顧客の要求は日々刻々と変わることを忘れないようにしましょう。製品を作ってから、顧客を探すのではなく、顧客候補を探してそのニーズを正しく理解した上で、最低限の機能を実装した製品を作るという順番で開発を実行していく必要があります。これをリーン・スタートアップと言います。

アドバイス②　手持ちの資金で次につなげる最大の成果を出す

　顧客のニーズを忠実にリスト化して完璧な商品を作ることを目標に製品開発を進めると、必ずしも必要のない機能が含まれる場合もあります。そして、時間や資金の問題で商品がいつまでたっても完成しないということが往々にして起こります。本当に必要な機能とはどんなものなのか、優先順位を事前に考えましょう。

アドバイス③　最低限の機能の製品を顧客のもとに持っていく

　顧客のニーズを聞き出し、顧客が最も必要とする必要最低限の機能に絞って開発をします。そして、その最低限の機能を持った試作品を持って、顧客のもとに行き、何が本当の問題（ペイン）なのかを探りだした段階で次の開発に取りかかりましょう。そうすることで、本来必要でなかった機能を開発するのにかかった時間やお金を全部無駄にしないですみます。しかも、顧客が本当に求めるものが理解できるようになります。

ケース 5-1 プレゼンテーション
問題と解決策、技術とチームがポイント

　私は、シードマネーの資金調達をするステージにいるスタートアップです。どんなところにお金の話があるのかわからないので、普段から1分から3分程度のエレベーターピッチができるようになっておくことが、資金調達をする人の必須だとある本で読んだことがあるので、常にプレゼンテーションができる準備をしていました。

　先日、ある会で投資家に出会うチャンスがありました。準備に準備を重ねてきたので、物怖じせず満足できるエレベーターピッチができました。優位性の高い技術であることと、既存の技術とは10倍以上の効果がある画期的なものだときちんと説明ができたはずなのですが、投資家は興味を示さずその場を去りました。そのあとも連絡はありません。

　かなりわかりやすい説明だったと思うのですが、もしかするとその投資家にはこの技術を理解するのは難しすぎたのかもしれません。これ以上わかりやすい説明にするのは逆に難しく、どのようにエレベーターピッチを進めれば投資家の心をつかみ、投資の対象に見てもらえるでしょうか。アドバイスがあればお願いします。

Jさん
30代（起業中）

アドバイス①　投資家の状況を聞き出す

まずは、その投資家が自身のビジネス領域への投資が可能かを確認する必要があります。仮にプレゼンテーションがうまくできたとしても、その投資家があなたのビジネス分野には投資できないファンドを持っていたり、アーリーステージへの投資ができなかったりする場合もあります。まずは、投資家の保有しているファンドの期限や投資分野についてきちんと確認をしておくとVCたちとお互いすれ違いが起こらないようになります。

アドバイス②　プレゼンの準備を十分に行う

プレゼンテーションは、それぞれの対象や状況に応じて準備をしておく必要があります。投資検討のフェーズに進めば、財務計画をきちんと専門家にレビューをしてもらった資料を準備することも必要になります。準備を怠らないようにしましょう。

アドバイス③　徹底的に顧客を分析する

特に技術系のスタートアップの場合、自社の自慢の技術開発の資料をつくる傾向にあります。しかし、投資家が知りたい情報は、その技術開発が進み、商品ができた際に本当にお金を払う人がいるのか、その結果投資家にとってリターンがどれだけあるかということです。すでに、顧客が抱えている実際の生の声や、有望顧客がいるということなど、顧客に関する洞察や事実を資料の中には必ず入れるようにしましょう。投資家が知りたいのは技術の詳細ではなく、その技術が顧客に与える価値なのです。

プレゼンテーション

ケース 5-2 あらかじめエグジットを決めておく

　私は、ある勉強会でビジネスプランを発表したところ、それに興味を持ってくれた投資家が、後日会いたいと声をかけてくれました。日を改めて、プレゼンテーションを行うと、「今回のプレゼンの説明や資料には書いてませんでしたが、エグジットはどのようにお考えですか？」と質問されました。

　しかし、事前にあまり考えていなかったため、その場の思いつきで、IPOだと説明しましたが、具体的なイメージはまだないので、これ以上先を聞かれても困ると思いましたが、さらに投資家は「類似のケースからIPOは難しく、他社へのM&Aは検討していますか？」と質問してきました。

　事業を進めながら行けるところまで行こうと思っていた自分の甘さを痛感しました。正直、IPOやM&Aまで自分が果たしてできるかどうかわからないので、言い切れない気持ちもあります。このような場合、どのようにエグジットを考えていると答えるとよいでしょうか。

Kさん
30代（起業中）

アドバイス①　投資家の最大の関心を理解する

　VCは、機関投資家から資金を調達し、その資金をもとにスタートアップに投資をして、投資の結果から得た利益を機関投資家に還元するというビジネスをしています。したがって、投入した資金が大きく成長して戻ってくるかということが最大の関心事です。資金が戻るタイミングが、エグジットと呼ばれるIPOあるいはM&Aのタイミングです。

アドバイス②　エグジットの詳細を検討する

　資金調達する際は、エグジットの説明が必須です。エグジットがどのくらいの期間で、どの程度の規模なのか、投資家が最も気にするポイントだからです。その点を強調した説明ができるように、投資家を訪ねる前に事前に検討する必要があります。エグジットのないビジネスプランは、投資家にとって投資するメリットがありません。

アドバイス③　会社の売却も視野に入れる

　事業が順調に進みIPOが果たせればよいのですが、市場環境によっては、会社を売却しなければならない場面もあります。そのとき、会社を売却せず、かといってIPOができないとなれば、投資家は投資した資金を回収することができません。株主となる投資家に対して、会社を売却して資金を返却するという取るべき行動がとれる人物なのかということを判断されています。

ケース 5-3

プレゼンテーション

投資家はよい技術とチームの両方を見る

　私は、勤めていた会社の開発部の元同僚とスタートアップしました。私はあえて同じキャリアバックグラウンドのエンジニアをパートナーに選びました。両者ともエンジニアであることが功を奏したのか、予想よりも早い段階で試作ができあがり、販路を強化するために資金調達をすることにしました。

　この2人のスピードでどんどん投資家を訪ねて資金調達を達成しようと息込んでいたのですが、思うように投資家と話が進みません。技術について自信を持っていたので、投資家はすぐに投資してくれるだろうと考えていたので、自分たちの何が問題かさっぱりわかりません。

　もしかすると、技術は日進月歩なので、自社技術の自信はありますが、今の技術では商品力が十分にないと判断されたと考えられます。どうすれば、投資に興味を持っていただけますか？

Lさん
30代（起業中）

アドバイス① 「技術＝ビジネス」シンドロームから抜け出す

技術がよいというだけで、必ずしもビジネスが成り立つとは限りません。むしろ、先端的な技術でなくても、ビジネスとしては成立するという場合もあります。技術を追求すること以上に、顧客の求めている課題や問題（ペイン）が何か、そしていかに自社の製品やサービス内容がその課題に対応しているのかを注意して考えてみましょう。

アドバイス② バランスのよいチームをつくる

投資家はよい技術とよいCXOチームが揃ってこそ投資の対象として見ます。当初想定していた市場環境や必要となる技術は変わっていく中で、CXOチームがよければ、臨機応変に対応できます。投資家の観点から考えると、リスクをなるべく取らないようにするには、まずはよいチームに投資するのが一番となります。例えば、エンジニア2人の創業者同士だと、経営の面からしてもバランスが悪いです。お互いのバックグラウンドが一緒であると、役割が重複するからです。別のスキルを持った人物同士でスタートアップすることが望ましいです。

アドバイス③ チームのバックグラウンドをアピールする

そのCXOチームが、過去にどれほどの経験を積んできたかという点も投資家から見られるポイントです。過去どんな経験をして、どうして自分たちが今回のプランを実現することができるのか、適切に説明する必要があります。技術の説明に終始するのではなく、自分たちがいかにこのビジネスをすることに適任であるか、過去のキャリアバックグラウンドから説明できるように資料を作成するようにしましょう。

ケース 5-4 プレゼンテーション
断られることに慣れ、最低100件当たる

　私は、資金調達するために毎日のように投資家を訪ねています。昨日も30社目の投資会社に投資を断られました。31社目を訪問する気力がもう私にはありません。

　日本の投資家は、シリコンバレーの投資家のように頻繁に出資する傾向が見えません。もしかすると日本の投資家はそれほど資金を持っていないのかもしれません。

　このまま日本国内で資金調達を続けるのがよいのか、はたまた思い切ってシリコンバレーなど海外の投資家を当たるのがよいのか、アドバイスをください。

Mさん
30代（起業中）

アドバイス①　原因を分析して、改善する

30社の訪問を通じて、出資を断られる理由を分析し、その結果を必ず改善しましょう。それぞれのプレゼンテーションでは、投資家は何らかの反応を示すはずです。なぜ、興味がないのか、どんどん食い下がって自分から質問をしてみましょう。その投資交渉がうまくいかなくても、あなたのプレゼンテーションをよりよくするヒントをもらったと思えば、次の投資家を訪問する気力が出てきます。

アドバイス②　ビジネスプランとチームの再検討をする

投資できない原因として、①ビジネスプランが不完全か、②CXOチームがベストメンバーでないという理由が考えられます。投資家から得られた反応から、このどちらが原因かを探りだすようにしてください。拙著『新版シリコンバレー流起業入門』を読み直して、投資家に受け入れられるプランを再検討してみてください。

アドバイス③　諦めずに続ける

投資する側の投資家の視点で考えると、スタートアップの100社と面会して、そのうち1、2社にしか投資をしません。逆の立場である起業家も100社訪問しないと投資は受けられないということです。失敗して当たり前なので、投資家を訪問し、投資を受けられなくても、フィードバックをもらって、ただでは帰らないぞという気概で資金調達を進めるのです。諦めずにビジネスプランとチームを再検討しながら訪問を続けていけば、31社目に投資を受けられるかもしれませんので、諦めずにがんばりましょう。

ケース 6-1 取締役会
奇数で構成、議決権を渡さない

私の会社は首尾よく投資が受けられて、まさに次なる事業展開に向けて新たにビジネスプランを書き直しています。実は念願の投資が、今では問題の火種となってしまい困っています。

少額の投資にも関わらず、投資家から2名を取締役会に着任させたいと言ってきました。私の会社はCEOの私とCTOの2人だけなので、その投資家2名を迎え入れると合計4名となります。最終的に多数決で決めるとなると、偶数では何も決まりません。自分たち側にもう1人経営陣を増やすのがよいのか、もしくは次の資金調達までこの状況を我慢するのがよいのか、アドバイスをください。

Nさん
30代（起業中）

アドバイス① 取締役会の構成は奇数が鉄則である

　取締役会の議席数は、過半数は自社が握ることが鉄則です。過半数を取られると、自分たちの思うような経営ができなくなる可能性があります。そのため、次善の策としては、外部から信頼できる人を1名入れ、5名の議席で、過半数は必ず起業家側が握れるようにすることがよいでしょう。これは、CEOがやるべき仕事です。

アドバイス② 投資家と起業家は対等である

　投資家から見れば、スタートアップは売上をつくる顧客であり、起業家から見れば資金を出してもらう顧客が投資家です。関係は対等であるという気持ちで交渉することを忘れないようにしましょう。投資家が不利な条件を提示しても、断固として断る場面も出てきます。そのときに、お互いそれぞれの立場できちんと主張をすることは特別なことではありません。むしろ、このような交渉ができないのであれば、CEOは選手交代であるということになります。

アドバイス③ 弁護士に相談する

　契約をする際には必ず弁護士に相談することです。スタートアップのたくさんの事例を見ている弁護士からアドバイスをもらうことで、陥らなくてもいい失敗を避けることができます。

資金調達と資本構成

ケース 7-1 株の希薄化防止条項に気をつける

　私は、シリーズAで自社の株価を決めるときに、投資家側に高く買ってもらえれば（時価総額が大きくなる）それだけ株価が希薄化しないので、よい条件になると考えました。

　シリーズAの価格が1株1,000円でした。そのとき、将来は明るい事業展開になると考えてシリーズBは1株1,500円を想定して資金調達計画を立てました。ところが、実際にはその計画どおり進まず、いざシリーズBの資金調達を始めると、この価格で投資してくれそうな投資家が一人も現れませんでした。八方手を尽くして1株800円までディスカウントして、ようやくその価格で投資してくれる投資家を一人探し当てました。今思えば、これが問題の始まりです。

　先に投資してくれたシリーズAの投資家にしてみれば、実際の価値より高い金額で購入させられたと思ってしまったのです。先にリスクをとった投資家に、株価の補正を求める権利である「株の希薄化防止条項」で当社が訴えられそうです。もう手がつけられない状態かもしれませんが、このような状況にアドバイスをください。

Oさん
30代（起業中）

アドバイス①　追加で株を渡す

　株の希釈化防止条項に従い、最初の投資家に株の追加を渡すことで解決できます。その計算式は通常決められているので、それに従って追加で渡す株を計算をします。もちろん会社にとっては希釈化するので望ましくないことですが、もし訴訟でも起こされたら、はるかに高い罰金を払うことになります。そして、裁判で負けることは明白です。

アドバイス②　株価を適切に決める

　このケースで得られる教訓としては、株価は高ければよいというものではないということです。本当に実行できる実力値をよく理解して株価を決める必要があります。

アドバイス③　不利な条件で焦って契約しない

　今回のケースは、希釈化防止条項が問題と言いましたが、そのほかにもエグジットの際によく問題となる条項が、「残余財産分配請求権」です。残余財産の処分をする際に、優先株から優先的に返却されます。例えば、これが3倍という条件がついた場合、投資家から10億円の資金調達をしたとして、30億円までは優先株主に分配されてしまうということです。これでは、リスクを取って会社を作った創業者にとっても、大変不利な条件です。通常は1倍ですが、交渉力によって、このような不利な条件を突きつけられることがあります。このような不利な条件で焦って契約を結ばずに、弁護士と相談して意思決定をするように心がけましょう。

資金調達と資本構成

ケース 7-2 ストックオプションの割合に気をつける

　私は、ストックオプションを使って従業員へのインセンティブや優秀な人材を集めようと思い、将来の投資家のことを考えずにストックオプションを会社の全株式の30%出しました。おかげで従業員たちのモチベーションは以前よりはるかに上がり、効果はすぐに表れました。

　しかし一方で、確保したこの30%のストックオプションの枠が、投資家によく思われていないようで、投資条件の話し合いでこれが問題点となり、追加の投資条件がまとまりません。そのストックオプションの問題により、投資家を数人逃してしまいました。

　従業員のモチベーションを上げるはずのストックオプションが、投資家のモチベーションを下げてしまうような結果を招いてしまいました。私は何を間違っていたのでしょうか。

Pさん
30代（起業中）

アドバイス①　ストックオプションの相場を知る

　ストックオプションは諸刃の剣です。この比率が多すぎても、少なすぎても投資家と自社の両者が得する関係になりません。目安としては、15％〜25％の範囲ですが、特に決まったルールはありません。会社に非常に経験豊富で有名な人物を採用する計画があるのであれば30％も多すぎることはありません。会社が取るべきプランによって決めましょう。

アドバイス②　交渉を行う

　30％のすべてのストックオプションの枠を使い切っているのではなければ、25％に落としても社員のモラールがそんなに落ちるとは思いません。場合によっては、25％にすることも検討してよいでしょう。もし10％に変更要求があれば、CEOは投資家に、ストックオプションのメリットを説明して説得する必要があります。ストックオプションの幅は、交渉条件の一つなので、現実的に対応することがCEOの重要な仕事です。

アドバイス③　現実に則した比率を決める

　ビジネスプランの中の財務計画において、エグジットまで資金のシミュレーションを行い、どのような株式比率が適当なのかを検討します。ただし、最終的にはあなたの会社の業績がどのくらい優れているかによって会社の価値を評価されるものなので、単純に比率を検討するだけでなく、事業の達成度を考えて、現実的に対応する必要があります。

ひな形サンプル

スタートアップのためのCXOジョブスペックシート

　さて、これからジョブスペックを書く練習をしてみましょう。あなたのスタートアップする会社に一体どんな役割を果たす人が必要でしょうか？具体的な仕事内容が具体的であればあるほど探しやすくなります。これは一例なので、参考にして自分の探すCXOチームメンバーをイメージしてスペックを書いてみましょう。

最高技術責任者をリクルートするためのジョブスペックシート

Chief Technology Officer (CTO)

1枚目

職務概要
CTOは、業務内容の指示とその結果については直接CEOに報告するものとする。CTO候補者は当社の技術に関してのビジョンを確立し、またそれに基づく技術開発に関してもすべての責任を持つ者であり、当社の技術に関する最高責任者として、当社の技術戦略、IP戦略開発および将来の技術動向に関する指針を確立する責任を負うものとする。

業務責任の範囲
　　技術プラットホーム構築、技術系のパートナーシップ等の対外的な関係構築等の実行を進める。
　　最強の技術チームを創設し、そのチームのマネジメント、研究開発の指導や監督の責任を持ち、同時にプロジェクトの監督責任も担うものとする。
　　当社内の技術チームに開発の方針などを明示する。
　　競合他社との技術的優位性を確保し、その地位を維持するために必要な技術の動向や変化に機敏に対処することを期待する。
　　技術標準化を進め、これらに基づいて商品開発と社内のオペレーションを実行する責任を持つ。

応募者の必要要件

　商品開発計画とその基本となる技術と市場の動向について、関係者にわかりやすく説明する能力を有すること。

　CXO チーム内および関係者と良好な人間関係のコミュニケーションがとれる能力を有すること。

　最低 15 年の実務経験を有し、最低 7 年のチームリーダーとしての経験を有すること。

　電気工学科、またはコンピュータ学科の修士を有すること、好ましくは MBA 資格も有すること。

最高財務責任者をリクルートするためのジョブスペックシート

CFO（Chief Financial Officer）

1枚目

職位概要

CFOは、財務担当の総責任者としてCEOの指示に基づいて業務を遂行し、必要に応じてその結果を直接CEOに報告するものとする。これらの財務担当業務とは、財務関連に関する一切の業務、管理部門の組織管理、資金管理、IT部門、対投資家関連業務、人事管理部門、社内の設備の管理、保全（保守を含む）のすべての責任を負うものとする。

責任範囲

　財務管理、内部資金管理、資金の使途、借入れ、税務関連業務、予算管理、それらに関連する一切の経理業務、その他関連業務について総責任を有する者とする。
　会社の戦略的ビジネスプラン、成長戦略、市場拡大に対して、適切な指示を出し、その資金面での実行に関する責任を持つ。
　会社の安定的な現金流動の確保の方針と実行計画を策定し、それが円滑に実行され、商品開発と日常業務の遂行が行われるような組織運営確立の責任を持つ。
　すべての組織内で予算や資金管理が適切に行われるように、各組織に指示を出し、その実行をサポートする責任を有する。
　社外の金融機関との融資関連業務や投資家、株主等の投資関係者との円滑な関係構築または維持に責任を持つ。

GAAP、SEC などの関連規則に則って税務署、第三者金融機関、国等への提出書類など適切な財務書類を作成し、これらに関して業務が円滑に遂行できる責任を持つ。
社内の予算、組織管理、人事部門、IT 機能等の全体的な評価、統合、マネジメントの全責任を持つ。
資源、人材、予算等の配分が適切に実行されているかを関連部門のマネジャーを通じて把握し、これらに基づいて資源、人材、予算等の最適再配分を行い、会社のゴール（エグジット）達成が円滑になされるようにする責任を有する。

必要な資質
社内外との円滑なコミュニケーションができる素養とプレゼンテーションの能力を有すること。
組織管理能力、投資関連の金融機関との関係構築の実務経験を有すること。
最低 15 年の実務経験を有し、うち最低 7 年の管理職経験を有すること。
財務や経理の学卒資格を有すること。
CPA の有資格者が望ましい。

CTOと協力して決められた期間内にプロジェクトを完成する総責任者をリクルートするためのジョブスペックシート

1枚目

VPE（Vice President of Engineering）

職位概要
VPEは、直接CEOまたはCTOの指示を受け業務を遂行し、それぞれに報告するものとする。VPE候補者は社内の経理部門、セールス部隊、マーケティング責任者等と密接に意見交換しながら業務を進める。VPEは当社の商品開発の全責任者となり、責務を負う者である。

業務責任範囲
　　当社商品化の方向性等を戦略的に考え、計画の企画、立案、実行を行う職位である。
　　当社のすべての商品開発について技術的な観点から方向性を示し、必要に応じてハンズオンで業務を遂行する職位である。
　　技術とエンジニアリングの人的資源を含め、最適かつ効果的に資源を利用し、商品開発が顧客の要求を満たすようにタイムリーに遂行すると同時に、それらの結果をマーケティング部門にわかりやすい説明資料にして提出する。
　　商品が完全にかつ仕様どおり正しく機能することを確認の上、説明資料を作成する。
　　決められたスケジュールを死守し、これらが実現するのに必要な人材を雇用し、必要な指示をすること。
　　これら商品開発の進め方を実現できる業務フローを作成すること。

要求資格
　プロジェクトマネジメントとその管理能力を有すること。
　開発チーム構築の経験を有し、かつそのチームリーダーとして十分なコミュニケーションを図り、全体を統括できる能力を有すること。
　当社商品のエンジニアリングに必要な技術を完全に理解し、かつ関連するコスト、セールス、マーケティング部門の業務を十分に理解できること。
　最低10年のエンジニアリング（技術業務）の経験を有すること。
　電気工学科またはコンピュータ学科卒業の資格を有すること。（修士または2学科を習得していればさらに好ましい。）
　商品化（全開発）の中のボトルネックになりそうなところを予め予期して実行計画を進められる能力を有すること。
　問題が発生したときは、CEO、VPXなととコミュニケーションを図り解決策を提案できること。

社員が増えてきたときに、CEOの代理人としての役割を担う副社長的存在をリクルートするためのジョブスペックシート

1枚目

COO（Chief Operating Officer）

職位概要
この職位に就く人は、直接CEOの指示を受け、結果をCEOに報告するものとする。COOは、日々の社内活動のすべてにわたって業務が円滑に遂行できるようにすることが目標である。これらの業務は収益管理、販売状況の活動把握、販売拡大、コストと利益の監督責任、月次および四半期管理の把握、分析、報告、年次計画の目標設定とその管理責任と結果報告の義務を負う。

責任範囲
　　会社の運営に責任を持って予算の目標作成とその実行責任を持つ。
　　長期短期の運営予算を策定して実行管理責任を持つ。
　　社内の日々の活動方針やそれに必要な人事配置、管理職の業務指針を策定する。
　　当社の商品に関わる業務の円滑な実行の指針を策定しその実行責任を持つ。
　　会社の方針に則った社内活動全般について、会社の方針に沿って実行計画をつくり、必要に応じて直接の指示を行い、それらの業務をスムーズに進めるための業務管理について責任を持つ。
　　会社の予算管理、社外での銀行等との打ち合わせ会議への参加、予算実行状況の内容分析、管理等の社内ミーティングの主宰とそれに参加するものとする。

会社の方針を社内へ徹底し、その指示と目標達成の実行に伴う活動の支援等を行うものとする。

必要な資格
　社内を円滑に運営できる社内のコミュニケーションスキル、社外への必要な情報発信等の経験とプレゼンテーション能力を有すること。
　予算管理、販売、戦略的事業計画策定する能力を有すること。
　社内スタッフおよび社外の関連箇所等の関係者との理解と尊敬を得られる円満な人格を有すること。
　この分野で最低15年の経験を有すること、このうち最低5年は副社長または部長としての経験を有すること。
　関連業界の展示会で顧客獲得計画策定と実行できる経験を有すること。
　当該商品の販路拡大などで関連業界との強いネットワークを有すること。

計画中の商品のビジネス開発責任者をリクルートするためのジョブスペックシート

1枚目

VPBD（Vice President of Business Development）

職位概要
VPBDは、直接CEOの指示を受けて業務を行い、その結果を直接CEOに報告する。VPBDは会社のビジネス開発についての全責任を持ち、計画、企画の実行組織を構成し、その実行に関しての総責任者である。どちらかというと、単独または少数のスタッフで事業パートナーを構築して事業拡大、事業展開の方向性を助言するポジションである。

業務の責任範囲
　　会社の戦略的事業方針を決定する際に事業の方向性を提示していく幹部管理職の一員であり、その提案実行についての責任を持つ。
　　会社の基本方針と整合性を保ちつつ、事業の明確な指針についてのリーダーシップを持つ。
　　スタートアップの環境を理解した上、多方面にわたりビジネス展開についてリーダーシップを発揮し、マネジメントする責任を負う。
　　収益確保と社外とのパートナーシップを構築し、そのマネジメントを行う。
　　必要ならばその実行部隊のチームを構築する責任を負う。
　　必要な他社との契約の交渉を行い、必要に応じて弁護士の援助を得て複雑な業務でもこなし責任を負う。
　　限られた支援の中でもできるだけ初期の顧客やユーザーを獲得する。

2枚目

社員のモラル、企業風土を維持向上し、販売部門や事業展開の要となる人物としてリーダーシップを発揮する。
実例を作りながら当社の商品の販売の信頼を得られる進め方（企業風土）を構築していく。

必要な資質
当社はスタートアップとして有望な商機を見定めてその契約を獲得するための戦術を考え、必要なCXOチームをつくり最終の結果を実らせることのできる人材を求めている。そのためにこのポジションの人は、効果的かつ積極的に行動し、その商機をつかむ必要がある。同時にこのポジションの人はシニアマネジメントのメンバーとして、当社CXOチームに対し積極的な貢献をすることが期待される。現在当社はこのような人材が必要不可欠と考えており、専門的知識を有し経験豊富な優秀なVPBD候補者を求める。

10年以上の事業開発、マーケティング、セールスの経験豊富な人材であること。
スタートアップのシードステージやアーリーステージでマーケティング、販売またはサービスに従事した経験者であること。
当社商品の市場を十分理解し、商品とその分野の同業者、技術と関連市場との強いコネクションがある人材であること。
ビジネスまたはマーケティングの学部卒業、MBA資格所有者が望ましい。

営業の総責任者をリクルートするためのジョブスペックシート

VPS（Vice President of Sales）

1枚目

職位概要

VPSは、CEOから直接指示を受け、その業務の結果を直接CEOに報告する上級管理職のメンバーの一員である。まずは会社の収益確保が最重要課題で、販売計画を立て、その実現を至上命題と考えて行動することが要求される。候補者は、マーケット競合、価格、販売インセンティブ給与体系、販売と販売チャネル等を含む、販売と事業開発とそのマネジメントに関する責任を持つものとする。このポジションはビジネス開発についても責任を持つことになる。VPSは顧客を開拓し、収益目標を達成するための重要な実行部隊の責任者である。

責任範囲

　　会社のその段階での規模に応じて最適な組織を構築し、必要な要員の採用を進め、その実行の責任を負うものとする。
　　当社企業風土の規範となることが期待されている。
　　販売インセンティブ給与、部下の教育とトレーニングの計画と実行を行う部門を構築する。
　　国内だけでなくできればグローバル展開を見据えたセールス戦略も立案する。
　　VPMと密に協力して活動して直接、間接の販売チャネルを確立する。
　　主要顧客との良好な関係を確立し、顧客ベースの拡大を図る。
　　VPMと密に協力して顧客獲得プログラムを実行する。

全体の販売プロセスを考慮してセールス予測目標の評価基準を設定し、その管理業務を行う。
販売価格に関しては数量別ディスカウント条件、特別顧客や販売店に対する価格政策を決定する。

募集要件
最低7年のセールス経験を有すること。このうち4年間は管理職としての経験を有すること。
販売業務について戦略的思考と実務的能力を有すること。
顧客やユーザー、またはパートナーとの良好な関係構築の経験を有すること。
卓越したセールス説得能力を有し、社内の上司と顧客両方とのコミュニケーションがとれる人。
新商品と新市場で顧客やユーザーに対する卓越した商品販売の説得力を有すること。
部下や同僚、上司との協力関係構築に勝れた能力を有し、CXOチーム一丸で目標達成を遂行できる能力を有すること。
販売方法に関して優れた能力を有し、実現可能な予測販売計画が立案できる人。
マーケティングと国内外セールスに関して利用できるソフトウェアの選定とその実際の利用技術を有すること。
当社の成長規模に応じて当部署の責任範囲が拡大してもそれに対応できる能力を有すること。

計画中の商品の市場調査責任者をリクルートするための
ジョブスペックシート

1枚目

VPM（Vice President of Marketing）

職位概要
VPEは、当社の上級管理職の一員として直接CEOの指示を受けて業務を行い結果をCEOに報告する。VPM候補者は上級管理職としてその業務についての責任を持ち、当社のマーケティングチームを構成し、チーム活動を指導するものとする。

具体的にはコーポレートマーケティング、商品に関するブランディング等を含むマーケティング活動、パートナー流通チャネル構築と商品自体の物流を含む管理業務についての全責任を有するものとする。VPMはまたビジョナリーリーダーとして、企業の努力を新市場において存在感ある形に位置づけ、同時に当社の収益目標実現のために尽力するものとする。

職務の責任範囲
　　当社の目標規模に応じて最適なチームを構成すること。
　　当社の企業風土の規範となること。
　　当社の目指す市場分野での位置づけ、当社の強みと特色、選定した市場での顧客層の選択とその市場参入戦略、そこでの商品の位置づけ等を包含する総合的な戦略的マーケティング計画の立案をすること。

2枚目

企業ブランディング、PR関連、広告宣伝、商品解説、商品展示会、セミナー等のイベント資料、市場分析とマーケット調査、ウェブデザインとそのコンテンツ（内製と外注）等を含むマーケットコミュニケーション活動の指示監督。

需要喚起のためのマーケットプログラム作成や、有望顧客の開拓とそのフォローアップを進めている販売部長に対する直接的な指示を与える業務。

販売部長と緊密に連携して販売チャネルの開拓。

市場調査や商品に関しての顧客要求の調査等を含む業務のマネジメントと商品開発をしている技術グループとの調整業務、商品価格決定、商品プロダクトサイクル等に関する一連の業務について円滑な業務調整。

商品発売時期に関する計画、セールス部隊のトレーニング、商品の優位性分析、販売促進ツール、その他のセールス全般についての支援等についての全体マネジメントを責任を持って遂行。

CEOおよび他の幹部と協力して、戦略的パートナーシップの構築、VC等の投資家を対象にした資金調達計画、取締役とのコミュニケーション、主要顧客との商談の契約等についての実務内容を明確に詰める業務。

当社全体のマーケティング予算の策定とその成功実績評価。

企業代表者としてプレス関連への対応、分析結果の公表、各種業界のイベントでの対応等の実行。

資格要件
　　同業他社での最低10年の経験を有し最低4年のシニアマネジメントの経験を有すること。
　　戦略企画能力やその組織のオペーレーションで十分なマネジメント能力を有すること。
　　過去の戦略的計画で作ったものがその目標を完全に達成できたという経験と、そこで本人が十分に個人のリーダーシップを発揮したという実績を有すること。
　　チーム一丸となって目標に対して同僚や関係スタッフと協力して結果を出す能力を持っていたということが実証されていること。
　　関連業務で外注を使う場合（PR、ウェブサイト、企業広告）にその管理能力があることが実証されること。
　　マーケティングや販売関連ツールのソフトウェアの選定と利用経験があること。
　　当社事業の関連でプレス関連の会社と協業した十分な経験を有すること。
　　セールス、マーケティング、ビジネス戦略（優位性比較等）の立案と分析で高い能力を有すること。
　　社外での効果的なパブリックスピーキングができる高い能力が認められていること。
　　今後さらに上級管理職として成長する能力を有すると認められること。
　　できればMBA資格を有すること。

エピローグ

　本書はシリコンバレー流シリーズの第 3 作目です。今回は株式会社カピオンの曽我弘と能登左知のコンビと、東京大学ものづくり経営研究センター特任助教の浜松翔平がコラボレーションし、共著した作品です。実践した経験から言える事実と、アカデミックサイドからの観点が折り合わさり、今から CXO チームをつくろうとする人や、実際に CXO チームで葛藤している人にも読んでいただけるように考えて本書を執筆しました。

　本書では、各 CXO がどのような立ち振る舞いをするべきか細かくお話ししましたが、その大前提には CEO のビジョンがあっての話です。つまり、もしあなたが今から CXO チームに最適な人材を集めようとするならば、まずやるべきことは、ビジョンを描き、ミッションを掲げることです。そしてハイリターンのビジネスプランを描くのです。CXO チームの候補者はそれに魅力を感じ、だからスタートアップに人が集まるのです。

どうすれば、なくてはならないのに問題とさえ気づいていない顧客やユーザーにお金を出してもらえる価値を提供できるか。これは集まったCXOチームとともに更に考えればいいのです。しかし、世の中にある問題、課題を解決したいというミッションと、解決することでどのような世の中にしたいかというビジョンの大元を考えるのは創業者自身（後にCEOとなるケースが多い）です。

　経営者は孤独という言葉がありますが、本書中でも「CEO（最高経営責任者）の後ろに席はない」とお話ししました。CEOはCXOチームとともにスタートアップの道なき道を走っていますが、ほかの各CXOは「最終的にすべてを決めるのはCEOである」と知っているので、最終責任を取るCEOは本当に孤独で、別格です。

この孤独感を鈍感力ではねのけて、自分を奮い立たせられるのは、ビジョンがあるからです。こんな日々のために高額な給与をもらっていたサラリーマン職を辞めたんじゃない。世の中にある問題を解決したい。その解決策として自分の技術やノウハウ、知識を提供してそれで巨万の富を築きたい。ビジョンはCXOチームを集めるためにありますが、CEOの原動力でもあります。

　一人でも多くのスタートアップがデスバレーを渡りきれることを願っております。渡った先には、まだまだ予想できない問題が山となり立ちはだかりますが、デスバレーがスタートアップの最初で最大の関所なので、その先も自信を持って歩めるはずです。また、その時には創業者はもう一人ではないはずです。私たちは一人でも多くの幸せなスタートアップを願っています。

2015年　3月吉日

著者一同

著者プロフィール

曽我 弘

新日本製鐵（株）定年退職後、シリコンバレーに移住して画像圧縮ベンチャー Eidesign Technology, Inc.、DVD オーサリングシステムメーカー Spruce Technologies, Inc. などを立ち上げる。2001 年 Spruce を Apple に売却。2010 年帰国。現在は能登左知と（株）カピオン設立（代表取締役）、シリコンバレーに Blue Jay Energy, Inc. の Chairman として日米のスタートアップ支援を行う。NEDO「テック系の起業化支援プロジェクト（SUI）」事業カタライザー。21C クラブメンバー。

能登 左知

米国 Kansas City Art Institute 大学 BFA 学士インダストリアルデザイン学科卒業。(独) 中小企業基盤整備機構や（公財）東京都中小企業振興公社のインキュベーションオフィスにおいて、IM として CI デザイナーの経験を活かしてスタートアップ支援に 10 年間従事する。現在は曽我弘と (株) カピオン設立（取締役）。NEDO「研究開発型ベンチャー企業等への事業化促進に係る助言プログラム向け事業」カタライザー。21C クラブメンバー。

浜松 翔平

東京大学大学院ものづくり経営研究センター特任助教。研究分野は、中小企業の国際化とベンチャー企業支援。成蹊大学、新潟大学、慶應義塾大学非常勤講師。実践活動として、2007 年より学生向け起業家育成講座「アントレプレナーシップ論」の運営に関与。2013 年にシリコンバレーのベンチャーキャピタルでインターン後、カピオンに参画。

株式会社カピオンでは、シリコンバレー流シリーズの著書を
テキストとしたスタートアップ育成プログラムを提供しています。
詳しくはホームページをご覧ください。

www.kapion.net

2015年3月31日　初版第1刷発行

シリコンバレー流 CXO チームビルディング
ーなぜ、あのスタートアップは投資を受けられたのかー

Ⓒ 著　者　　曽 我　弘　・　能 登 左 知　・　浜 松 翔 平
　　発行者　　脇 坂 康 弘

（ブックデザイン、カバーデザイン、イラスト、編集）能 登 左 知

発行所　株式会社　同友館　　東京都文京区本郷3-38-1
　　　　　　　　　　　　　　電話０３（３８１３）３９６６
　　　　　　　　　　　　　　FAX ０３（３８１８）２７７４

落丁・乱丁本はお取り換えいたします。　　　萩原印刷／松村製本所
ISBN 978-4-496-05110-4　　　　　　　　　　Printed in Japan

本書の内容を無断で複写・複製（コピー）、引用することは、特定の場合を除き、著作者・出版者の権利侵害となります。また、代行業者等の第三者に依頼してスキャンやデジタル化することは、いかなる場合も認められておりません。

シリコンバレー流シリーズのご案内

新版 シリコンバレー流 起業入門
投資を引き出すためのビジネスプラン作成ガイド

曽我弘・能登左知著

- A5判 ● 2色刷り ● 320ページ ●定価2,000円+税
- 2013年9月6日　第1版　同友館

[内容]
- Part1:"シリコンバレー流って？"
- Part2: 投資を引き出す商品(サービス)をつくろう！
- Part3: エグゼクティブサマリーとビジネスプラン
  　　　　フレーム書き込み型ワークシート
- Part4: 投資家たちへのプレゼンテーション
- Part5: 投資家たちが確信を得るための101の質問とその意図
- Part6: 資金調達への第一歩